Learn
Parallel
Short Stories
Finnish - English

Copyright © 2015
Polyglot Planet Publishing

www.polyglotplanet.ink

© Polyglot Planet

About this Book

Learning Finnish with parallel text is the most rewarding and effective method to learn a language. Existing vocabulary is refreshed, while new vocabulary is instantly put into practice. The Finnish grammar easily sinks in through our cleverly written and well formatted stories: Each sentence has been translated line by line making it easy to follow. No dictionary is needed!

Recommended for beginners-, intermediate level learners of Finnish and as a refreshers course. It is so easy and enjoyable even absolute beginners with no prior knowledge can start learning.

Our easy, entertaining stories contain European culture and characters. The stories have been written to keep the readers attention and are fun to read for you to learn through your motivation.

Table of Contents

PARALLEL TEXT	5
Parallel Text - The Cheese Rolling Festival	6
Parallel Text - United States..."on wheels	16
Parallel Text - An adventure at La Tomatina	29
Parallel Text - My Erasmus in Germany	42
FINNISH	53
Juustonpyöritysfestivaali	54
Yhdysvallat..."pyörillä	58
Seikkailu La Tomatinassa	63
Erasmukseni Saksassa	68
ENGLISH	72
The Cheese Rolling Festival	73
An adventure at La Tomatina	77
United States..."on wheels	81
My Erasmus in Germany	85
Copyright	89

PARALLEL TEXT

Juustonpyöritysfestivaali
The Cheese Rolling Festival

Minun nimeni on Robert ja aion kertoa sinulle tarinan siitä, miten päädyin keskelle englantilaista peltoa juoksemaan raivokkaasti juuston perässä kukkulaa alas.
My name is Robert and I'm going to tell you a story about how I ended up in the middle of an English field frantically chasing cheese down a hill.

Kasvaessani pienessä ranskalaisessa kylässä Normandian alueella, syöminen oli iso osa perhe-elämäämme niin kauan kuin muistan.
Growing up in a small French village in the region of Normandy, eating was a big part of our family life for as long as I can remember.

Syöminen merkitsi tilaisuutta koko perheen yhdessäololle, tarinoiden jakamista ja toisten seurasta nauttimista.
Eating represented an occasion for the whole family to get together, to share stories and to enjoy each other's company.

Minun suosikkiosuuteni ateriasta oli aina se, kun juusto tuotiin pöytään, ja Ranskassa kasvaneena minua hemmoteltiin vaihtoehdoilla – maassa tuotetaan melkein 400 erilaista juustoa ja omasta mielestäni minä olen varmasti maistanut kaikkea.

My favourite part of the meal was always when the cheese was brought to the table, and being brought up in France I was spoilt for choice – there are almost 400 different types of cheese produced across the nation and I think I must have tasted all of them.

Ei ollut väliä, millainen juusto se oli – vuohi, lammas, sinihome, lehmä – jos sitä oli saatavilla, söin sen.
It didn't matter what kind of cheese it was – goat, ewe, blue, cow – if it was available I would eat it.

Minä tulin perheessäni kuuluisaksi siitä, miten paljon rakastin juustoa: et ylläty kuullessasi, että olin lapsena hieman pullea!
I became famous in my family for just how much I loved cheese: you won't be surprised to hear I was a little on the chubby side as a child!

Siellä missä elin Normandiassa, kasvoin nähden Jerseyn, erään Isolle-Britannialle kuuluvan kanaalisaaren.
Where I used to live in Normandy, I grew up being able to see Jersey, one of the Channel Islands that belong to the United Kingdom.

Minun isoisälläni oli tapana istuttaa minut hänen polvelleen ja kertoa minulle tarinoita Englannista ja ajoista, jolloin hän oli vieraillut saarilla lautalla.
My granddad used to sit me on his knee and tell me stories about England and the times he had visited the islands on the ferry.

Minä olin nuori ja utelias, joten minä halusin mennä sinne.
As I was young and curious, I wanted to go there.

Ja sinne päästyäni minä halusin syödä juustoa!
And when I got there, I wanted to eat cheese!

Niinpä eräänä päivänä me kaikki sovimme ottavamme lautan St Malo -nimisestä kaupungista ja teimme lyhyen matkan saarille.
So one day we all agreed to catch the ferry from a town called St Malo and made the short journey to the island.

Se oli minun ensimmäinen kertani ulkomailla ja minä muistan ajatelleeni, miten erilaiselta kaikki tuntui: kieli kuulosti kummalliselta, arkkitehtuuri oli erilaista verrattuna mihinkään aiemmin näkemääni, ja ruoka ei ollut yhtään niin kuin kotona maistamani ruoat.
It was my first time abroad and I remember thinking how different everything felt: the language sounded peculiar, the architecture was different to anything I had ever seen and the food was nothing like I had tasted at home.

Onneksi minun isoisäni puhui hyvää englantia, ja hän aloitti kerkustelun ruokien eroista paikallisen kaupan omistajan kanssa.
Luckily, my granddad could speak good English, and he started a conversation with a local shop owner about the differences in food.

Hän kertoi kaupan omistajalle, että minä rakastin juustoa, ja silloin minä sain tietää ensimmäisen kerran englantilaisesta "Cooperin juustonpyöritysfestivaalista".
He told the shop owner that I loved cheese, and this is where I first found out about a festival in England called 'Cooper's Hill Cheese Rolling'.

Minä sain tietää, että englantilaisilla ei vain ollut juustoa, vaan se oli myös niin hyvää, että he olivat halukkaita ajamaan sitä takaa kukkulaa alas ja kilpailemaan toisia ihmisiä vastaan siinä.
I found out that not only did people in England have cheese, but it was so good they were willing to chase it down a hill and fight other people for it.

Festivaali, jossa ihmiset ajavat ruokaa takaa siksi, että se on niin maukasta?
A festival where people chased after food because it was so tasty?

Minä en jaksanut odottaa pääseväni sinne.
I couldn't wait to go there.

No, minun piti odottaa vähän aikaa sinne pääsyä: 9-vuotiaat eivät voi matkustaa Englantiin yksin.
Well, I had to wait a little while to get there: 9 year olds can't make the journey to England alone.

Minun aikani vierailla siellä tuli myöhemmin, kun minä olin olin vuoden opiskelemassa Englannissa osana yliopiston jatko-opintojani Lontoossa.
My time to visit came later, whilst I was in England studying for a year as part of my postgraduate university course in London.

Minä en koskaan saanut mielestäni tarinaa juuston jahtaamisesta kukkulan rinnettä alas, ja puhuessani isoisälleni puhelimessa hän sanoi, että minun pitäisi suunnitella vierailu Cooperin kukkulafestivaalille.
The story about chasing cheese down a hill never left me, and while talking to my granddad on the phone,

he said that I should make plans to visit the Cooper's Hill festival.

Niinpä kolme englantilaista ystävää ja minä löysimme itsemme eräänä iltapäivänä seisomasta kukkulan huipulla valehtelematta satojen muiden ihmisten kanssa odottamassa pienen juustonpalan jahtaamista alas jyrkkää rinnettä.
So, three English friends and I found ourselves one afternoon, stood on top of a hill with literally hundreds of other people, waiting to chase a piece of cheese down a steep field.

Hullua.
Madness.

Cooperin kukkulan juustonpyöritysfestivaali pidetään lähellä Gloucesterin kaupunkia, ja, kuten nimi antaa ymmärtää, se sisältää noin 5 kg painavan Goucester-juuston pyörimistä rinnettä alas satojen huimapäiden jahdatessa sitä.
The Cooper's Hill Cheese Rolling festival is held near the city of Gloucester and, just like the name suggests, involves rolling a 9lbs piece of Double Gloucester Cheese down a hill whilst hundreds of daredevils chase after it.

Jokainen haluaa saada juuston kiinni, mutta aika usein kukaan ei saa sitä käsiinsä: sen tiedetään saavuttavan jopa 113 km/h nopeus matkallaan alas!
Everyone wants to catch the cheese, but quite often no one manages to get a hand on it: it has been known to get up to speeds of 70mph on its way down!

Se on sama kuin Englannin moottoriteiden suurin

sallittu nopeus.
That's the same as the legal speed limit on an English motorway.

Tämä on taatusti uusi tapa nauttia juuston syömisestä: kaikkea muuta kuin sen syöminen rauhallisella maatilalla Normandiassa.
This is certainly a novel way to enjoy eating cheese: a far cry from eating it with my family on a quiet farm in Normandy.

Kukkulan huipulla seisoessani, juuston jahtaamiseen valmistautuessani kuulin yllätyksekseni ympäriltäni monia erilaisia aksentteja.
As I stood on top of the hill, getting ready to chase the cheese, I was surprised to hear lots of different accents around me.

Lapsena olin kuvitellut olevani ainoa ranskalainen englantilaisten meressä, ulkopuolinen ympärilläni olevien omalaatuisten ihmisten huvituksessa.
As a child I had imagined being the only Frenchman among a sea of English people, an outsider joining in the fun of all the eccentrics around me.

Mutta saatoin kuulla amerikkalaisia aksentteja, skottilaisia aksentteja, aksentteja kaikkialta maailmasta.
But I could hear American accents, Scottish accents, accents from all over the world.

Siellä oli loistava tunnelma: paljon ihmisiä oli matkustanut pitkän matkan osallistuakseen tähän outoon festivaaliin.
There was a great atmosphere: a lot of people have travelled a long way to take part in this strange

festival.

Kun seisoin huipulla, saatoin nähdä ambulanssin saapuneen valmiiksi kukkulaan rinteellä pian tapahtuvaa takaa-ajoa varten.
As I stood at the top, I could see that an ambulance had arrived in preparation for the chase down the hill that was about to happen.

Tämä muuttuu vakavaksi, ajattelin!
This is getting serious, I thought!

Tämä oli iltapäivän ensimmäinen kilpailu, joten minulla ei ollut ollut tilaisuutta nähdä kenenkään muun juoksevan kukkulaa alas.
As this was the first race of the afternoon, I hadn't had the chance to see anyone else running down the hill.

En tiennyt, mitä odottaa.
I didn't know what to expect.

Minun sydämeni jyskytti.
My heart was thumping.

Olin lakannut ajattelemasta juustoa ja alkanut huolestua siitä, millaista vahinkoa olin tekemässä itselleni!
I'd stopped thinking about the cheese and started worrying about what kind of damage I was about to do to myself!

Juuri kun kilpailu oli alkamassa, eräs vieressä olevista ihmisistä kertoi minulle, että yli 20 ihmistä oli joutunut aiempana vuonna sairaalaan.
Just as the race was about to start, one of the people

next to me told me that over 20 people were taken to hospital the year before.

Ambulanssi oli niin kiireinen kuljettaessaan ihmisiä sairaalaan, että kilpailua piti lykätä...
The ambulance was so busy taking people backwards and forward from the hospital that the race even had to be delayed....

Juuri kun hän oli tämän sanonut, vihellys antoi merkin, että oli meidän vuoromme jahdata juustoa.
Just as he said this, the whistle went to signal that it was our turn to chase the cheese.

Iso-Britannian lippukuvioilla varustettuun pukuun pukeutunut mies päästi valtavan pyöreän juuston pyörimään rinnettä alas, ja se lensi kukkulan rinnettä alas valtavalla nopeudella.
A man dressed in a Union Jack suit rolled a huge circle of cheese down the hill and it was flying down the hill at great speed.

Seisoin takana, joten näin sekä miehiä että naisia juoksevan sen perään: monet olivat pukeutuneet upeisiin mekkoihin, joillakin oli suojavarusteita.
As I stood at the back, I saw both men and women running after it: many were in fancy dress, some had protective clothing on.

Teräsmieheksi pukeutunut mies ohitti minut!
A man dressed as Superman flew past me!

Se kaikki oli hyvin epätodellista.
It was all very surreal.

Minä päätin mennä hitaasti, jotta en satuttaisi itseäni, mutta monet muut tekivät kuperkeikkoja ja juoksivat todella nopeasti.
I decided to go slow to make sure I didn't hurt myself but many others were doing somersaults and running really fast.

Ennen kuin tajusinkaan olin jo kukkulan juurella.
Before I knew it, I was at the bottom of the hill.

Onneksi minä en loukkaantunut.
Thankfully, I was not injured.

Minä etsin ympäriltäni juustoa, mutta se ei ollut lainkaan nähtävillä: Mikki Hiireksi pukeutunut voittaja oli juossut sen kanssa karkuun ja piilottanut sen meiltä muilta!
I looked around for the cheese, but it was nowhere to be seen: the person who had won dressed as Micky Mouse had ran off with it and hidden it from the rest of us!

Mietit varmasti, mitä järkeä on matkustaa niin pitkä matka ilman, että saa edes maistaa juustoa.
So you're probably wondering what the point of going all that way was and not even getting to taste the cheese.

Minä olin pettynyt, etten saanut sitä, mitä halusin, mutta se oli erinomainen johdanto englantilaisen kulttuurin oudoimpiin piirteisiin.
I was disappointed not to get what I wanted, but it was an excellent introduction to some of the stranger aspects of English culture.

Ja kuten minun isoisälläni oli tapana istuttaa minut hänen polvelleen ja kertoa minulle oudoista asioista, joita englantilaiset tekevät juuston vuoksi, minäkin voin tehdä saman omille lapsenlapsilleni.

And just as my granddad used to sit me on his knee and tell me about some of the strange things that Englishman will do for cheese, I'll be able to do the same for my grandchildren.

Yhdysvallat..."pyörillä"
United States..."on wheels"

Minun nimeni on Susana ja minä olen 28 vuotta vanha.
My name is Susana and I am twenty-eight years old.

Minä asun eräässä kaupungissa Kataloniassa, Gironassa.
I live in a city in Catalonia, Girona.

Se sijaitsee Barcelonasta pohjoiseen, vain tunnin automatkan päässä.
It is in the north of Barcelone, just an hour to drive by car.

Se on eräs Katalonian kauneimmista, hiljaisimmista ja vanhimmista kaupungeista.
It is one of the most beautiful, quietest and oldest cities of Catalonia.

Jos sinulla on mahdollisuus vierailla siellä, älä unohda vierailla keskustassa: se näyttää siltä kuin eläisimme vielä keskiajalla!
If you have the chance to visit it, do not miss to visit the center: it seems like we are still living in the Middle Ages!

Minä rakastan matkustamista, mutta koska minulla on oma yritys, minä en voi matkustaa usein.

I love to travel, but as I run my own business, I cannot travel frequently.

Se on sääli, mutta minun täytyy aina pitää huomio yrityksessäni.
It's a pity, but I always have to pay attention to my firm.

No, itse asiassa se on pieni perheyritys: ravintola.
Well, actually it is a small family business: a restaurant.

Minun isovanhempani perustivat ravintolan yli kuusikymmentä vuotta sitten, uskomatonta, eikö olekin?
The restaurant was founded by my grandparents over sixty years ago, incredible, isn't it?

Kuitenkin viime vuonna minä olin onnekas ja pystyin sulkemaan ravintolan muutamaksi päiväksi kesän jälkeen.
However, last year I was lucky and was able to close the restaurant some days after the summer.

Lopultakin minulla piti olla ansaitsemani loma!
Finally I should have my deserved vacation!

Nyt, niin monen mielenkiintoisen ja mahtavan kohteen kanssa...
Now, with so many interesting and wonderful destinations...

Minne mennä?
Where to go?

Yksi minun unelmistani oli tutustua Amerikan "villiin länteen".
One of my dreams was to get to know the "Wild West" of America.

Kun minä olin pieni tyttö, minun isovanhempani huolehtivat minusta ravintolassa ja laittoivat lännenelokuvia pyörimään televisiosta lounaan jälkeen.
When I was a little girl, my grandparents took care of me in the restaurant and used to put Western films on the TV after lunch.

Katsoin ne kaikki ja pidin hauskaa samalla, kun tein läksyjä tai söin välipalaa...
I watched them all and had a lot of fun while doing my homework or having a snack...

Tämän takia minä päätin mennä Yhdysvaltojen länsiosaan.
That's why I decided to go to the West of the United States.

Minulla oli paljon ystäviä, jotka olivat jo käyneet siellä, ja minä olin kateellinen heidän tarinoistaan, mutta heidän neuvonsa olivat erittäin hyödyllisiä minulle.
I had a lot of friends who had already been there and I was jealous of all their stories, but their advice were very useful to me.

Minun paras ystäväni Marta voisi myös tulla minun kanssani.
My best friend Marta could also come with me.

Hän on opettaja ja oli ihme, että meillä oli loma samaan aikaan sinä vuonna!

She is a teacher and it was a miracle that we had vacation at the same time that year!

Kiitos internetin, nykyään on erittäin helppoa valmistella matka Yhdysvaltojen länsiosaan.
Thanks to the internet, today it is really easy to prepare a trip to the west of the United States.

Jos puhut espanjaa, on muutamia nettisivuja, jotka ovat erittäin hyödyllisiä matkojen valmisteluun, minun suosikkini on losviajeros.
If you talk Spanish, there are a few websites which are very useful to prepare trips, my favourite one is losviajeros.

Miksi minä pidän siitä niin paljon?
Why I like it so much?

Koska se on foorumi, jossa oikeat matkustajat, jotka ovat käyneet niissä kohteissa, jakavat kokemuksiaan, kommentoivat, esittävät mielipiteitään, niksejään ja neuvojaan...
Because it's a forum where real travellers who have visited those destinations share their experience, make comments, give their opinion, tricks and advice...

Se on erittäin hyödyllistä.
That's very useful.

Minä valmistelin matkaa ja varasin kaiken viikon aikana: hotellit, motellit ja lennot, tietysti.
I was preparing the trip and booking everything during a whole week: hotels, motels and the flights, of

course.

Minä en pidä ajamisesta eikä siitä pidä myöskään minun ystäväni Marta, joten minä yritin varata lippuja juniin, busseihin ja muihin kulkuneuvoihin, joilla voi matkustaa paikasta toiseen...
I don't like driving and neither does my friend Marta, so I tried to book tickets for trains, busses and other means of transport to travel from one site to another...

Se oli todella vaikeaa!
Now that was really difficult!

Sitten minä luin eräältä foorumilta, että...
Then I read in a forum that...

Paras tapa matkustaa Yhdysvaltojen halki on ajaminen!
The best manner to move across the United States is driving!

Sillä hetkellä meidän matkamme näytti epäonnistuvan.
In that moment our trip seemed to fail.

Marta ja minä olimme surkeita kuskeja.
Marta and I were terrible drivers.

Mitä me voimme tehdä?
What were we able to do?

Marta sanoi, ettei se ollut ollenkaan ongelma.
Marta said that it wasn't a problem at all.

Hän oli varma, että yhdessä meillä voisi jopa olla

hauskaa, kun me ajaisimme autolla.
She was sure that together we could even have fun when driving a car.

Mutta, kaiken varalta, me harjoittelimme joitakin päiviä ennen meidän matkaamme.
But, just in case, we practiced some days before our voyage.

Me emme halunneet minkään menevän pieleen!
We didn't want anything going wrong!

Kun me saavuimme Yhdysvaltoihin, me haimme ensin vuokra-automme.
When we arrived in the United States, we first picked up our rental.

Meillä on auto vain meitä varten!
We have a car just for us!

Me olimme onnellisia, innostuneita ja täynnä odotuksia!
We were happy, excited and full of expectations!

Näytti siltä kuin kolmentoista tunnin lento olisi mennyt vain kahdessa.
It seemed that the flight of thirteen hours had passed in only two.

Meillä oli tuhansia kilometrejä edessämme ja me halusimme aloittaa mahdollisimman pian!
We had thousands of kilometres in front of us and wanted to start the earlier, the better!

Kun me saavuimme autovuokraamoon, me melkein pyörrymme.
When we arrived to the office of the car rental, we almost fainted.

Siellä oli niin pitkä jono ihmisiä ja meille kerrottiin, että menisi ainakin tunti, että me saisimme automme!
There was such a big queue of people and we were told that it would take at least an hour to get our car!

Se oli hyvin pitkästyttävää.
That was very boring.

Miksi siellä on niin paljon ihmisiä vuokraamassa autoa?
Why were there so many people renting a car?

Espanjassa ei ole kovin yleistä vuokrata autoa matkalla.
In Spain it is not very common to hire a car on a trip.

Me yleensä teemme sen, kun me matkustamme jollekin aarelle, esimerkiksi.
We usually do it when we travel to an island, for instance.

Mutta muissa paikoissa on paljon junia ja busseja, jotka vievät sinut mihin tahansa haluatkin mennä.
But at the rest of places, there are a lot of trains and busses taking you wherever you want to go.

Me saimme pian selville, miksi niin monet ihmiset halusivat auton, Yhdysvallat on valtava!
We discovered soon why so many people wanted a car, the United States are enormous!

Ja meidän yllätykseksemme siellä ei ole julkista liikennettä sellaisella yleisyydellä ja valikoimalla kuin Espanjassa on.
And to our surprise, there is no public transport system with such a frequency and variety as in Spain.

Tämän takia sinä tarvitset auton liikkuessasi maan halki, tai ainakin on parempi olla sellainen: sinä voit matkustaa nopeammin ja mukavammin minne tahansa haluatkin mennä.
That's why you need a car to move across the country, or at least it is much better to have one: you can travel faster and in a more comfortable way wherever you want to go.

Lopulta me saavuimme tiskille.
Finally we arrived at the counter.

Minun ystäväni Marta puhuu englantia erittäin hyvin, ja me ymmärsimme toisiamme hyvin meitä tiskillä palvelevan tytön kanssa.
My friend Marta talks English very well and we understood ourselves perfectly with the girl who was serving us at the counter.

Muutamassa minuutissa me saimme automme avaimet.
In a few minutes, we received the keys of our car.

Me olimme varanneet pienen auton, joka oli riittävä meille kahdelle... mutta mikä vale!
We had booked a small car, that was enough for the two of us... but what a lie!

Me saimme valtavan kaupunkimaasturin!

We got an enormous red SUV!

Luulimme sitä virheeksi, mutta oikeasti me olimme ymmärtäneet väärin.
We thought it was a mistake, but actually we had been mistaken.

Tyttö tiskillä oli maininnut, että heiltä olivat loppuneet pienet autot ja että heidän piti antaa meille se jättimäinen auto.
The girl at the counter had adverted that they had run out of small cars and that they had to give us that giant car.

Tiedäthän sinä... kielikysymyksiä.
You know... Language issues.

Meidän melkein piti "kiivetä" päästäksemme sisään siihen valtavaan autoon.
We almost had to "climb" to get into that huge car.

Sisällä tuijotimme ihmeissämme kaikkia asioita, joita autossa oli: GPS, radio, satelliittiradio ja kamera, josta näkee miten pysäköidä!
Once inside, we stared in wonder at all the things the car had: GPS, radio, radio by satellite and a camera to see how to park!

Espanjassa tällainen auto olisi ollut todellinen ylellisyys, meidän autoissamme ei yleensä ole mitään näistä "lisäominaisuuksista".
In Spain, a car like this would have been a real luxury, our cars usually don't have any of these "extras".

Marta käynnisti auton ja... Vain sekunti!

Marta started the car and... Just a second!

Missä on kytkin?
Where is the clutch?

Ja vaihdelaatikko?
And the gear box?

Me emme voi liikkua!
We cannot move!

Se oli meidän ensimmäinen yllätyksemme...
That was our first surprise...

Yhdysvalloissa melkein kaikki autot ovat automaattivaihteisia.
In the United States, almost all cars are automatic!

Espanjassa asia on aivan päinvastoin.
In Spain it's just the other way round!

Silti minun täytyy myöntää... että on paljon mukavampaa ajaa autoa "Amerikan tyyliin" ja minulla on kova ikävä sitä, että kaikki on niin helppoa.
Nevertheless, I have to admit ... That it is much more comfortable to drive a car with "American style" and I miss a lot that everything is so easy.

Näiden hämmennyksen hetkien jälkeen me pääsimme tien päälle.
After these few moments of confusion, we got on the road.

Me olimme laskeutuneet Los Angelesiin, ja meidän ensimmäinen määränpäämme oli ranta, halusimme

nukkua Santa Barbarassa.
We had landed in Los Angeles and our first destination was the beach, we wanted to sleep at Santa Barbara.

Yllätykset eivät loppuneet: miten valtavia tiet olivatkaan!
The surprises didn't stop: how huge the roads were!

Enemmän kuin neljä tai viisi kaistaa on tavallinen määrä valtatiellä Yhdysvalloissa, kun taas meillä Espanjassa on vain pari kaistaa, tai ehkä kolme.
More than four or five lanes is usual for highways in the United States, meanwhile we just have a pair of lanes in Spain, or maybe three.

Näiden hauskojen ensihetkien jälkeen me eksyimme muutaman kerran ja lopulta saavuimme Santa Barbaraan.
After these first funny moments, we got lost a few times and finally reached Santa Barbara.

Me vietimme siellä muutaman ihanan päivän, mutta meidän piti lähteä pian, sillä me halusimme viettää muutaman yön Las Vegasissa.
We spent a few wonderful days there, but had to break up soon as we wanted to spend some nights in Las Vegas.

Kun me lähdimme, me ajoimme vahingossa tielle, jossa oli vähemmän liikennettä.
When we left, we drove without knowing well into a road with less traffic.

Joissakin tienviitoissa oli jotain dollareihin viittaavaa...

On some signs there was something indicating dollars...

Ehkä se oli maksullinen tie?
Maybe it was a toll road?

Meillä ei ollut aavistustakaan.
We didn't have a clue.

Jonkin ajan kuluttua saavuimme paikkaan, jossa oli enemmän liikennettä.
After some time, we arrived at a place with much more traffic.

Joitakin kuukausia myöhemmin sakkolappu saapui kotiin: me olimme kulkeneet tietulliaseman ohi tietämättämme!
Some months afterwards, a ticket arrived at home: we had passed the toll station without knowing!

Tämä siksi, että Espanjassa kaikilla tietulliasemilla on puomit, mutta siellä, siellä ei ollut lainkaan puomeja, ja me emme tienneet, että meidän piti maksaa.
That's because in Spain, all toll stations have barriers, but there, there weren't any barriers and we were not aware of that we had to pay.

Nämä olivat vain muutamia meidän "pienistä seikkailuistamme" Yhdysvalloissa, maassa, jonka halki kulkemista pyörillä lopulta rakastimme.
These have been only a few of our "little adventures" in the United States, a country we finally loved to cross on wheels.

Tämä on viimeinen, joka minun täytyy kertoa sinulle,

sinä naurat varmasti katketaksesi.
This is the last one I have to tell you, you will laugh out loud for sure.

Ensimmäisellä kerralla me yritimme saada polttoainetta, emme melkein saaneetkaan.
The first time we tried to get petrol, we almost couldn't.

Bensapumppu oli niin monimutkainen, me emme ymmärtäneet sitä.
The gas pump was so complicated, we didn't understand it.

Lopulta hyvin mukava vanha rouva (lähes kahdeksankymmentä vuotta vanha!) tuli auttamaan meitä nuoria "ymmärtämään" kaikkea sitä teknologiaa.
Finally a very nice old lady (almost eighty years old!) came to help us youngsters to "understand" all of that technology.

Tästä huolimatta me toistamme matkamme Yhdysvaltoihin ja odotamme innokkaasti uutta lomaa, jotta voimme jatkaa tämän kauniin maan tutkimista pyörillä.
In spite of all this, we will repeat our trip to the United States and we are looking forward to have vacation again to continue discovering this beautiful country on wheels.

Seikkailu La Tomatinassa
An adventure at La Tomatina

Minun nimen on Sean ja minä olen 21 vuotta vanha.
My name is Sean and I'm 21 years old.

Minä olen New Yorkista, mutta kuuden kuukauden ajan olen asunut Barcelonassa.
I am from New York, but for six months I have been living in Barcelona.

Minä opiskelen espanjalaista kirjallisuutta ja minä olen hyvin onnekas nauttiessani tästä kokemuksesta Espanjassa.
I study Spanish Literature and I'm very lucky to enjoy this experience in Spain.

Mutta joskus tapahtuu hulluja ja hauskoja asioita, kuten se, josta kerron teille tänään.
But sometimes crazy and funny things happen, like the one I'm going to tell to you about today.

Minä saavuin Espanjaan maaliskuussa ja siitä asti olen asunut eräiden hyvin ystävällisten poikien ja tyttöjen kanssa jakaen kauniin asunnon Barcelonan keskustassa.
I arrived in Spain in March, and I have since been living with some very friendly boys and girls, sharing a beautiful apartment in the centre of Barcelona.

On nautinto asua niin kauniin kaupungin keskustassa.
It is a pleasure to live in the centre of such a beautiful city.

Kaikki on hyvin lähellä, jopa yliopisto.
Everything is very close, even the university.

Tässä asunnossa asun kolmen kämppäkaverin kanssa.
In this apartment I live with three roommates.

Sara on Sevillasta. Hän on 26 vuotta vanha ja opiskelee arkkitehtuuria.
Sara is from Seville; she's 26 years old and studies architecture.

José on Barcelonasta. Hän on 20 vuotta vanha, opiskelee tekniikkaa ja rakastaa jalkapalloa.
José is from Barcelona; he's 20 years old, studies engineering and loves football.

Ja viimeisenä Andrea, tyttö Etelä-Ranskasta.
And finally, there is Andrea, a girl from the south of France.

Hän opiskelee mainontaa ja on myös flamencotanssija.
She studies advertising and is also a flamenco dancer.

Eivätkö he olekin mahtavia?
Don't you think that they are incredible?

Me tulemme toimeen erittäin hyvin ja asuminen heidän kanssaan sujuu todella hyvin.
We get along very well and living with them works

really well.

Tiedätkö sinä Barcelonan?
Do you know Barcelona?

Se on eräs Espanjan suurimmista kaupungeista ja sijaitsee rannikolla maan koillisosassa.
It's one of the biggest cities in Spain and is located in the Northeast area of the country by the sea.

Sen vuoksi sillä on suuren kaupungin kaupungin edut sekä sijainti lähellä rantaa.
It therefore has the advantages of a big city as well as being close to the beach.

Barcelona on myös vuorien ympäröimä, ja se on erittäin lähellä Pyreneitä, Espanjan korkeimpia vuoria, joilla voit hiihtää koko talven ja osan keväästä.
Also, Barcelona is surrounded by mountains and is very close to the Pyrenees, the highest mountains in Spain, where you can ski during the whole winter and part of the spring.

Se on hyvä paikka asustaa, etkö olekin samaa mieltä?
It is a place to stay, don't you agree?

Kevät meni nopeasti Barcelonassa.
The spring passed quickly in Barcelona.

Päivisin opiskelin ahkerasti ja iltaisin pelasin jalkapalloa Josén ja hänen joukkueensa kanssa.
Throughout the day I was very busy studying and in the evenings I played football with José and his team.

Espanjassa lukukausi päättyy kesäkuussa.
In Spain, the semester ends in June.

Suoritin kaikki kokeeni erittäin hyvin arvosanoin.
I passed all my exams with very good grades.

Nyt minulla oli koko kesä edessäni, täynnä suunnitelmia, lähellä ranta ja paljon ystäviä, joiden kanssa viettää aikaa.
Now, I had the whole summer in front of me, full of plans, near the beach and with many friends to spend my time with.

Lisäksi Espanjassa on kesäisin jokaisessa kylässä perinteisiä ja suosittuja juhlia, joista olen kuullut, mutta monet niistä olivat hyvin outoja minulle enkä ymmärtänyt niitä kovin hyvin.
Furthermore, in Spain, during the summer, in every village there are traditional and popular parties that I have heard of, but many of them were very strange to me and I didn't understand them very well.

Eräänä päivänä kesäkuussa ystäväni José soitti minulle ja kutsui minut lähtemään elokuussa järjestettävään festivaaliin Valenciaa lähellä olevaan kylään.
My friend José called me one day in July and invited me to go to a festival in a village near Valencia that was going to, held in August.

Hän sanoi, että se olisi suurin festivaali, johon koskaan minun elämässäni menisin ja en voisi jättää sitä väliin.
He said that it would be the biggest festival that I

would ever go to in my life and that I couldn't miss it.

Minä kysyin häneltä: "Miksi tämä festivaali on niin mahtava?"
I asked him: "Why is this festival so spectacular?"

Mutta hän...ei sanonut sanaakaan!
But he...didn't say a word!

Hän sanoi, että hän halusi sen olevan minulle yllätys ja että hän aikoi paljastaa minulle vain festivaalin nimen.
He said he wanted it to be a surprise for me and that he was only going to reveal the name of the festival to me.

Sitä kutsuttuttiin nimellä "La Tomatina".
It was called "Tomatina".

Tietysti nykyään on olemassa paljon nettisivuja ja paikkoja, joista voisin löytää tietoa salaperäisestä "La Tomatinasta", mutta minun ystäväni pakotti minut lupaamaan, että en etsisi siitä mitään tietoa.
Of course, nowadays there are many websites and places where I could find information about the mysterious "La Tomatina", but my friend made me promise that I would not do any research on it.

José osti kaksi bussilippua ja toi ne kotiin.
José bought two bus tickets and brought them home.

Sillä tavalla sain tietää, että kylä, jonne olimme menossa juhliin, oli nimeltään Buñol.
That is how I learned that the village, where we were going to go for the party, was called 'Buñol'.

Lopultakin minä tiesin jotain enemmän salaperäisestä kesäfestivaalista, jonne olin menossa!
Finally I knew something more about the mysterious summer festival to which I was going to go!

Buñol oli kuitenkin hyvin pieni kylä keskellä Valenciaa.
Buñol was, however, a very small village in the middle of Valencia.

Millainen "suuri" festivaali voisi olla niin pienessä kylässä?
What kind of "big" festival could take place in such a small town?

Salaperäisyys jatkui.
The mystery continued.

Viikko ennen juhlia Sara, minun kämppäkaverini, selitti minulle, mitä "La Tomatina" tarkoittaa.
One week before the party, Sara, my roommate, explained to me what "Tomatina" means.

"Tomatina" on jotain sellaista kun pieni tomaatti.
"Tomatina" is something like a little tomato.

Mistä tässä festivaalissa oli kysymys?
What was this festival all about?

Festivaali, jossa etsitään maailman pienintä tomaattia?
A festival looking for the tiniest tomato in the world?

Mikä sotku!
What a mess!

Kuten voit kuvitella, sillä hetkellä minä odotin innolla juhlimista, mutta samaan aikaan ajattelin, mihin helvettiin minä olen menossa?

As you may imagine, at that moment I was looking forward to partying, but at the same time I thought where the hell am I heading?

"Tomatina"-päivänä me heräsimme aikaisin – kolmelta aamulla!

The day of the "Tomatina" we woke up very early - at three o'clock in the morning!

Me söimme aamiaisen hyvin nopeasti ja kiirehdimme bussiasemalle.

We had breakfast very quickly and then hurried to the bus station.

Siellä oli paljon opiskelijoita kuten me, satoja ja satoja, odottamassa busseja Buñoliin.

There were a lot of young students like us, hundreds and hundreds, waiting for buses to Buñol.

Me istuimme alas ja aloitimme keskustelun Ranskasta olevan tytön kanssa.

We sat down to wait for our bus and I started a conversation with a girl from France.

Hänen nimensä oli Anne ja hän kertoi minulle, että Tomatina on paras festivaali, jossa hän on elämänsä aikana ollut.

Her name was Anne and she told me that the Tomatina was the best festival she had ever been to in her life.

Ja tämä oli kolmas peräkkäinen vuosi, kun hän oli

matkustanut Buñoliin ollakseen siellä Tomatinan ajan!
And that this was the third year in a row that she had travelled to Buñol to be there for the Tomatina!

Minä puhuin Annelle jonkun aikaa.
I talked to Anne for some time.

Hän ei puhunut espanjaa, ja hänen englantinsa oli hyvin outoa – hänellä oli hauska ranskalainen aksentti, kun hän puhui englantia – mutta hän oli erittäin mukava.
She didn't speak Spanish and her English was very weird – she had a funny French accent when she spoke English – but she was very nice.

Ja hän oli hyvin kaunis, vaaleahiuksinen, hyvin vaaleaihoinen ja vihreäsilmäinen.
And she was very beautiful, blond, with very fair skin and green eyes.

Meidän piti kuitenkin lopettaa puhuminen, koska hänen bussinsa numero oli 15 ja minun bussini numero oli 8.
However, we had to stop talking, because her bus was the number 15 and mine was number 8.

Mikä vahinko!
What a pity!

Eikö sinunkin mielestäsi?
Don't you think?

Jo bussi oli suuri juhla.
The bus was already a big party.

Se oli täynnä nuoria ihmisiä, jotka halusivat juhlia.
It was full of young people that wanted to party.

Jokainen lauloi (espanjaksi, en ymmärtänyt kovinkaan paljoa, ne olivat erittäin vaikeita) ja joi sangríaa, sillä sinä päivänä oli kuuma.
Everybody was singing songs (in Spanish, I didn't understand very much, they were very difficult) and drinking sangría, as it was hot that day.

Ja matka oli niin pitkä!
And the journey was so long!

Kului enemmän kuin viisi tuntia päästä kuuluisaan Tomatinaan!
It took more than five hours to arrive at the famous Tomatina!

Lopulta saavuimme Buñoliin.
At last, we arrived in Buñol.

Siellä oli tuhansia ihmisiä!
There were thousands of people!

Kaikki olivat hyvin iloisia ja moni heistä oli pukeutunut sukelluslaseihin, uimapukuun, sortseihin, sandaaleihin, vedenkestävään hattuun...
Everyone was very cheerful and many of them wore diving goggles, swimsuits, shorts, sandals, waterproof hats...

Mihin näitä kaikkia asioita tarvittiin?
What were all these things for?

Hiljalleen me kävelimme kylän keskelle, jossa oli hädin tuskin yhtään tilaa.

Little by little, we walked into the centre of the village, where there was hardly any space.

Yhtäkkiä musiikki alkoi soida, ja ihmiset tanssivat ympäriinsä.
Suddenly, music started to play, and people were dancing all around.

Tämäkö oli Tomatina?
Was this the Tomatina?

Se ei minusta näyttänyt niin mahtavalta.
It didn't seem so spectacular to me.

Musiikki tuli valtavista rekoista.
The music came from huge trucks.

Niiden kyydissä oli ihmisiä, jotka heittivät jotain kadulle.
On them were people who were throwing something to those in the street.

Mitä se oli?
What was it?

Jotain punaista ja pyöreää... ne näyttivät siltä...että ne olisivat tomaatteja!
Something red and round...it seemed like...that were tomatoes!

Sillä hetkellä aloin nauraa!
At that moment, I started to laugh!

Minun ystäväni José sanoi minulle: No, mitä ajattelet?
My friend José said to me: So, what do you think?

En voinut onnellisempi!
I couldn't be happier!

Se oli täysin hullua.
That was totally crazy.

Kuvittele: tuhansia ihmisiä nauramassa, hyppimässä, tanssimassa ja heittämässä tomaatteja toistensa päälle!
Imagine: thousands of people laughing, jumping, dancing and throwing tomatoes at each other!

Vähitellen kaikki muuttui punaiseksi, ja kaikilla oli todella hauskaa.
Little by little, everything turned red and everyone was having a lot of fun.

Tomatina alkoi aikaisin, ja se kesti koko aamun!
The Tomatina started early and it lasted the whole morning!

Lopussa minä olin täynnä tomaatteja päästä varpaisiin. Minä olin punainen kuin olisin ollut tomaatti itsekin.
By the end, I was full of tomatoes from top to bottom; I was red as if I were a tomato myself.

Vaikka sinä et voi uskoa sitä, se on ehdoton totuus!
Even if you can't believe it, it is the absolute truth!

Tiedätkö, mikä oli paras osuus?
Do you know what the best part was?

Kun kaikki loppui, ihmiset jäivät kaduille, musiikki ei

loppunut ja juhlat jatkuivat!
When everything ended, the people stayed in the streets, the music didn't stop and the party continued!

Sen vuoksi me jäimme sinne koko päiväksi, söimme tyypillistä valencialaista ruokalajia, paellaa, ja joimme tyypillistä juomaa, sangríaa.
That is why we stayed there the whole day, ate a typical dish from Valencia, paella, and drank a typical drink, sangría.

Lounaan jälkeen me päätimme mennä kävelylle kylän halki.
After lunch we decided to go for a walk through the village.

Kun me pääsimme pääaukiolle, näimme sen päivän viimeisen yllätyksen...
When we got to the main square we saw the last surprise of that day...

Anne oli siellä!
Anne was there!

Me lähestyimme häntä ja hän esitteli meidät hänen ystävilleen.
We approached her and she introduced us to her friends.

Sillä hetkellä juhlien tanssi alkoi, ja me kaikki tanssimme yhdessä ja jatkoimme puhumista.
At that moment the party's dance started, and we all danced together and continued talking.

Meillä oli hyvin hauskaa, ja minä uskon, että se oli

upean ystävyyden alku.
We had a lot of fun, and I believe that it was the beginning of a great friendship.

Sen jälkeen Anne ja minä olemme käyneet monissa juhlissa yhdessä, ja minä uskon, että pian pyydän häntä elokuviin kanssani.
Since, Anne and I have gone to many parties together, and I believe I will soon ask her to go to the cinema with me.

Tästä eteenpäin, jos kaikki sujuu hyvin, Tomatina on enemmän kuin vain iso juhla, se on myös paikka, josta voi löytää rakkautta.
From now on, if everything goes well, the Tomatina from now will be more than a big party, but it will also be a place where one can find love.

Kuka tietää?
Who knows?

Erasmukseni Saksassa
My Erasmus in Germany

Pidätkö sinä matkustamisesta?
Do you like travelling?

Pidätkö sinä opiskelusta?
Do you like studying?

Espanjassa – yleisesti koko Euroopassa – voit yhdistää nämä kaksi asiaa: Erasmus-stipendin avulla.
In Spain - generally speaking, in all of Europe - you can combine the two things: with an Erasmus scholarship.

Tiedätkö sinä, mikä se on?
Do you know what it is?

Erasmus-stipendit myöntää Eurooppa, Euroopan unioni, opiskelijoille kaikista maista.
Erasmus scholarships are awarded by Europe, the European Union, to students from all countries.

Nämä stipendit tarjoavat sinulle yliopistopaikan toisessa eurooppalaisessa yliopistossa ja pienen kuukausittaisen avustuksen, jotta voit opiskella toisessa maassa, "liikkuvuusavun".
These scholarships give you a university place in another European university and a small monthly grant so that you can study in another country, a

"mobility aid".

Lisäksi jokainen maa voi maksaa enemmän tai vähemmän avustusta opiskelijoilleen valtion mahdollisuuksista rippuen.
Moreover, each country can pay more or less aids to its students, it depends on each state's possibilities.

Ja kohdemaat voivat myös auttaa opiskelijoita.
And the target countries often help the students, too.

Tästä avusta huolimatta Erasmus-stipendit eivät useinkaan riitä elämiseen opiskelun aikana.
Despite these aids, Erasmus grants are often not sufficient to live while you study.

On erittäin kallista asua eurooppalaisessa suurkaupungissa, kuten Barcelonassa, Pariisissa tai Berliinissä.
It's very expensive to live in a big European city like Barcelona, Paris or Berlin.

Opiskelijat saavat usein taloudellista tukea vanhemmiltaan päästäkseen elämään tämän kokemuksen.
Students usually get financial support from their parents in order to be able to live this experience.

Jotkut, kuten minä, työskentelevät Erasmus-oleskelun aikana.
Some, like me, work during the Erasmus stay.

Erasmus-stipendin saaminen on hyvin vaikeaa.
Getting an Erasmus scholarship is very hard.

On paljon opiskelijoita, jotka haluaisivat osallistua Erasmus-ohjelmaan ja vain muutamia paikkoja.
There are lots of students who would like to take part in the Erasmus programme, and only a few places.

Sinun täytyy käydä läpi pitkä, raskas hakuprosessi, kielikokeita ja paljon paperityötä.
You have to carry out a lengthy, ponderous application process, with language tests and lots of paperwork.

Mutta jos suoriudut siitä, kuten minä, siitä tulee unohtumaton kokemus.
But if you make it, just like me, it will be an unforgettable experience.

Minun nimeni on Ramon ja minä olen kaksikymmentäkuusi vuotta vanha.
My name is Ramon and I'm twenty-six years old.

Minä saan pian valmiiksi lääketieteen opintoni.
I'm finishing my medicine studies soon.

Minä toivon, että minusta tulee pian hyvä lääkäri.
I hope I will be a good doctor soon.

Se on minun intohimoni.
It's my passion.

Minä haluaisin auttaa potilaita ja parantaa heitä.
I would like to help patients and to heal them.

Lääkärin tehtävä on hyvin tärkeä.
A doctor's task is very important.

Meidän ansiostamme on sairaaloita ja lääkärin vastaanottoja.
Hospitals and doctor's surgeries exist thanks to us.

Sairaaloissa työskenteleminen on aika rankkaa sekä lääkäreille että hoitajille.
Working in hospitals is quite hard, both for doctors and nurses.

Viime vuonna minä sain mahdollisuuden osallistua Erasmus-ohjelmaan.
Last year I had the chance to take part in an Erasmus scholarship.

Ensin minä halusin mennä Ranskaan.
At first I wanted to go to France.

Miksi?
Why?

No, minä asun perheeni kanssa lähellä Barcelonaa, Ranska ei ole kaukana.
Well, I live with my family in a place near Barcelona, France is not far away.

Tämän lisäksi kieli on samankaltainen kuin espanja ja vielä samankaltaisempi kuin katalaani, jota minä myös puhun.
Besides this, the language is similar to Spanish and even more similar to Catalan, which I also speak.

Stipendin hakemisen ja kielitestien (englanti, ranska...) tekemisen jälkeen minun täytyi odottaa joitakin kuukausia.

After applying for the scholarship and doing the language tests (English, French...) I had to wait for some months.

Se oli niin pitkä odotus!
It was such a long wait!

Minä aloin ostaa ranskankielisiä kirjoja, kuuntelin ranskalaista musiikka ja myös ranskalaista radiota.
I started to buy books in French, I listened to French music and also to the French radio.

Lopulta tulosten päivä koitti.
The results' day finally came.

Ne olivat näkyvillä yliopiston aulassa.
They were put up in the university's foyer.

Minä etsin nimeäni Ranskasta Erasmus-paikan saaneiden opiskelijoiden joukosta, mutta minä en ollut siellä.
I looked for my name among the students who had received an Erasmus place for France, and I wasn't there.

Se oli todellinen sokki minulle!
That was a serious blow for me!

Minä en myöskään ollut stipendin saaneiden joukossa enkä varallaolijoissa…
I was neither among those who had received a scholarship, nor among the substitutes...

Outoa…
Weird...

Minä katsoin listoja vielä kerran ja sitten näin sen:
Minä olin saanut stipendin Saksaan.
I looked at the lists once more and then I saw it: I had received a scholarship for Germany.

Saksaan?!
Germany?!

Mitä minä siellä tekisin?, ajattelin välittömästi.
What should I do there?, I thought immediately.

Minä menin hallintotoimistoon puhumaan johtajalle ja siitä ei ollut epäilystäkään: kukaan ei ollut hakenut Saksaan, ja, pisteiden perusteella, se oli ainoa paikka, jonka he voisivat antaa minulle.
I went to the administrative office to speak to the manager and there was no doubt: nobody had applied for Germany and, on the basis of points, it was the only one they could give me.

Jos en hyväksyisi sitä, en todennäköisesti saisi Erasmus-stipendiä enkä kaikkia sen tuomia mahdollisuuksia.
If I didn't accept, I would probably get no Erasmus scholarship, with all the opportunities which were related to it.

Kotona minun vanhempani ja siskoni kannustivat minua eteenpäin.
Once at home, my parents and sister encouraged me to go on.

Saksa oli taloudellisesti vahva, ehkä kieleltään vaikea maa, mutta minulla olisi varmasti mahdollisuus oppia

siellä paljon.
Germany was an economically strong country, perhaps with a difficult language, but I would surely have the chance to learn a lot there.

Niinpä sen kesän jälkeen lensin Berliiniin aloittamaan akateemisen vuoteni Saksassa.
So after that summer I flew to Berlin to start my academic year in Germany.

Se tosiasia, että kollegani osallistuivat englanninkielisille oppitunneille ja kursseille, auttoi minua paljon.
The fact that my colleagues attended lessons and courses in English helped me a lot.

Ensimmäiset viikot olivat todella rankkoja minulle.
The first weeks were really tough for me.

Minä en ymmärtänyt ihmisiä kadulla enkä kollegoitani, ja päivät tulivat lyhyemmiksi ja lyhyemmiksi.
I didn't understand neither the people on the street nor my colleagues and the days got shorter and shorter.

Mutta pian tuli hetki, joka muutti minun elämäni: Oktoberfest, tai saksalainen olutfestivaali, kuten me sitä kutsumme Espanjassa.
But soon came a moment which changed my life: the Oktoberfest, or the German beer festival, as we call it in Spain.

Se on suuri festivaali, joka pidetään yleensä Münchenissä, Etelä-Saksassa ja on kunnianosoitus yhdelle Saksan tärkeimmistä tuotteista: oluelle.

It's a big festival which usually takes place in Munich, in the south of Germany and pays homage to one of Germany's main products: beer.

Hyvin miellyttävä tyttö minun kurssiltani kutsui minut matkustamaan Müncheniin hänen ja hänen ystäviensä kanssa ja kokemaan festivaalin tunnelman siellä, ja minä päätin hyväksyä hänen kutsunsa.
A very likeable girl from my course invited me to travel to Munich with her and her friends and to experience the festival's atmosphere there, and I decided to accept her invitation.

Se oli eräs elämäni parhaista viikoista!
It was one of the best weeks in my life!

Minä tapasin paljon ihmisiä kaikkialta maailmasta, söin paljon makkaroita, hapankaalia, suolarinkilöitä ja muita saksalaisia erikoisuuksia...
I met lots of people from all over the world, ate lots of sausages, sauerkraut, pretzels, and other German specialities...

Ja tietysti minä maistelin eräitä elämäni herkullisimpia oluita.
And of course I tasted some of the most exquisite beers I drank in my life.

Sen viikonlopun aikana minä opin monia saksankielisiä asioita, jotka auttoivat minua selviytymään jokapäiväisestä elämästä: miten tilata jotain, miten esitellä itsensä uusille tuttavuuksille, miten muuttaa kaupunkiin, jota et tunne...
During that weekend I learnt many things in German which helped me cope with everyday life: how to

order something, how to introduce yourself to new acquaintances, how to move in a city you don't know...

Greta on ollut parhaista ystävistäni siitä lähtien, ja hänen ja hänen ystäviensä ansiosta opin tuntemaan saksalaiset tavat läheltä.
Greta has become one of my best friends since then, and thanks to her and her group of friends I got to know German habits from close up.

Pian tuli kamala, kylmä berliiniläinen talvi. Jos asut Barcelonassa, on hyvin vaikeaa kohdata lämpötila 10 astetta nollan alapuolella, kuten voit varmasti kuvitella.
Soon came the terrible, cold Berlin winter. If you live in Barcelona, it's very hard to experience temperatures of ten degrees below zero, as you can surely imagine.

Lisäksi Berliinin yliopiston työnvälityksen ansiosta pystyin aloittamaan käytännön harjoittelun pienessä kaupungin sairaalassa, joka oli erikoistunut syövästä kärsivien lasten hoitoon.
Moreover, thanks to Berlin's university's job board I could start a practical training in a small hospital in the city, which was specialised in the care of children affected by cancer.

Se oli erittäin raskasta minulle, mutta minä opin niin paljon niiden lasten kanssa, en unohda sitä koskaan.
It was very hard for me, but I have learnt so much with those kids, I'll never forget it.

Luennoille ja töihin päästäkseni minä liikuin polkupyörällä, joka on eräs kaupungin käytetyimmistä liikennevälineistä.
To reach my lessons and work I moved by bike, which is one of the city's most widely used means of transport.

Minä ostin vanhan, käytetyn pyörän eräältä viikonlopun kirpputorilta.
I bought an old second-hand bike in one of the weekend flea markets.

Se oli eräs Berliinin tyypillisimmistä asioista, viikonlopun kirpputori.
It was one of Berlin's more typical things, the weekend flea market.

Niin minä järjestin elämäni vähitellen, ja kun kevät saapui, Erasmus-oleskeluni viimeiset päivät, en voinut uskoa, miten nopeasti kaikki oli mennyt.
So I organised my life little by little, and when spring came, near the last days of my Erasmus stay, I couldn't believe how fast everything had passed.

Minä pidän kiinni siellä muodostamistani ystävyyssuhteista ja haluaisin mennä sinne takaisin pian.
I keep my friendships from there and I would like to come back there soon.

Kaikesta oppimastani huolimatta en vieläkään osaa lausua monia saksan sanoja oikein!
Despite everything I have learnt, I still can't pronounce many German words correctly!

Minä käyn kielikoulussa kerran viikossa, jotta en unohtaisi kieltä ja harjoitellakseni sitä lisää.
I attend a language school once a week not to forget the language and to practise it further.

Sen lisäksi tapaan viikonloppuisin Erasmus-opiskelijoita, jotka ovat tulleet Saksasta Barcelonaan ja harjoittelemme kieliä yhdessä.
Besides that, at the weekend I meet other Erasmus students who have come to Barcelona from Germany and we have a language tandem.

Se on erittäin hauskaa, ja minä tapaan enemmän ja enemmän mielenkiintoisia ihmisiä.
It's very funny and I meet more and more interesting people.

Siispä minä suosittelen sinua kokeilemaan Erasmus-oleskelua, jos voit.
So I recommend you to try an Erasmus stay, if you can.

Se on eräs elämäni parhaista kokemuksista.
It's one of the best experiences of my life.

FINNISH

Juustonpyöritysfestivaali

Minun nimeni on Robert ja aion kertoa sinulle tarinan siitä, miten päädyin keskelle englantilaista peltoa juoksemaan raivokkaasti juuston perässä kukkulaa alas.

Kasvaessani pienessä ranskalaisessa kylässä Normandian alueella, syöminen oli iso osa perhe-elämäämme niin kauan kuin muistan. Syöminen merkitsi tilaisuutta koko perheen yhdessäololle, tarinoiden jakamista ja toisten seurasta nauttimista. Minun suosikkiosuuteni ateriasta oli aina se, kun juusto tuotiin pöytään, ja Ranskassa kasvaneena minua hemmoteltiin vaihtoehdoilla – maassa tuotetaan melkein 400 erilaista juustoa ja omasta mielestäni minä olen varmasti maistanut kaikkea. Ei ollut väliä, millainen juusto se oli – vuohi, lammas, sinihome, lehmä – jos sitä oli saatavilla, söin sen. Minä tulin perheessäni kuuluisaksi siitä, miten paljon rakastin juustoa: et yllätty kuullessasi, että olin lapsena hieman pullea!

Siellä missä elin Normandiassa, kasvoin nähden Jerseyn, erään Isolle-Britannialle kuuluvan kanaalisaaren. Minun isosälläni oli tapana istuttaa minut hänen polvelleen ja kertoa minulle tarinoita Englannista ja ajoista, jolloin hän oli vieraillut saarilla lautalla. Minä olin nuori ja utelias, joten minä halusin mennä sinne. Ja sinne päästyäni minä halusin syödä juustoa! Niinpä eräänä päivänä me kaikki sovimme ottavamme lautan St Malo -nimisestä kaupungista ja teimme lyhyen matkan saarille. Se oli minun ensimmäinen kertani ulkomailla ja minä muistan ajatelleeni, miten erilaiselta kaikki tuntui: kieli kuulosti kummalliselta, arkkitehtuuri oli erilaista verrattuna mihinkään aiemmin näkemääni, ja ruoka ei ollut yhtään niin kuin kotona maistamani ruoat. Onneksi minun isoisäni puhui hyvää englantia, ja hän aloitti kerkustelun ruokien eroista paikallisen kaupan omistajan kanssa. Hän kertoi kaupan omistajalle, että minä rakastin juustoa, ja silloin minä sain tietää ensimmäisen kerran englantilaisesta "Cooperin juustonpyöritysfestivaalista". Minä sain tietää, että englantilaisilla ei vain ollut juustoa, vaan se oli myös niin hyvää, että he olivat halukkaita ajamaan sitä takaa kukkulaa alas ja kilpailemaan toisia ihmisiä vastaan siinä. Festivaali, jossa ihmiset ajavat ruokaa takaa siksi, että se on niin maukasta? Minä en jaksanut odottaa pääseväni sinne.

No, minun piti odottaa vähän aikaa sinne pääsyä: 9-vuotiaat eivät voi matkustaa Englantiin yksin. Minun aikani vierailla siellä tuli myöhemmin, kun minä olin olin vuoden opiskelemassa Englannissa osana yliopiston jatko-opintojani Lontoossa. Minä en koskaan saanut mielestäni tarinaa juuston jahtaamisesta kukkulan rinnettä alas, ja puhuessani isoisälleni puhelimessa hän sanoi, että minun pitäisi suunnitella vierailu Cooperin kukkulafestivaalille. Niinpä kolme englantilaista ystävää ja minä löysimme itsemme eräänä iltapäivänä seisomasta kukkulan huipulla valehtelematta satojen muiden ihmisten kanssa odottamassa pienen juustonpalan jahtaamista alas jyrkkää rinnettä. Hullua.

Cooperin kukkulan juustonpyöritysfestivaali pidetään lähellä Gloucesterin kaupunkia, ja, kuten nimi antaa ymmärtää, se sisältää noin 5 kg painavan Goucester-juuston pyörimistä rinnettä alas satojen huimapäiden jahdatessa sitä. Jokainen haluaa saada juuston kiinni, mutta aika usein kukaan ei saa sitä käsiinsä: sen tiedetään saavuttavan jopa 113 km/h nopeus matkallaan alas! Se on sama kuin Englannin moottoriteiden suurin sallittu nopeus. Tämä on taatusti uusi tapa nauttia juuston syömisestä: kaikkea muuta kuin sen syöminen rauhallisella maatilalla Normandiassa. Kukkulan huipulla seisoessani, juuston jahtaamiseen valmistautuessani kuulin yllätyksekseni ympäriltäni monia erilaisia aksentteja. Lapsena olin kuvitellut olevani ainoa ranskalainen englantilaisten meressä, ulkopuolinen ympärilläni olevien omalaatuisten ihmisten huvituksessa. Mutta saatoin kuulla amerikkalaisia aksentteja, skottilaisia aksentteja, aksentteja kaikkialta maailmasta. Siellä oli loistava tunnelma: paljon ihmisiä oli matkustanut pitkän matkan osallistuakseen tähän outoon festivaaliin.

Kun seisoin huipulla, saatoin nähdä ambulanssin saapuneen valmiiksi kukkulaan rinteellä pian tapahtuvaa takaa-ajoa varten. Tämä muuttuu vakavaksi, ajattelin! Tämä oli iltapäivän ensimmäinen kilpailu, joten minulla ei ollut ollut tilaisuutta nähdä kenenkään muun juoksevan kukkulaa alas. En tiennyt, mitä odottaa. Minun sydämeni jyskytti. Olin lakannut ajattelemasta juustoa ja alkanut huolestua siitä, millaista vahinkoa olin tekemässä itselleni! Juuri kun kilpailu oli alkamassa, eräs vieressä olevista ihmisistä kertoi minulle, että yli 20 ihmistä oli joutunut aiempana vuonna sairaalaan. Ambulanssi oli niin kiireinen kuljettaessaan ihmisiä sairaalaan, että kilpailua piti lykätä...

Juuri kun hän oli tämän sanonut, vihellys antoi merkin, että oli meidän vuoromme jahdata juustoa. Iso-Britannian lippukuvioilla varustettuun pukuun pukeutunut mies päästi valtavan pyöreän juuston pyörimään rinnettä alas, ja se lensi kukkulan rinnettä alas valtavalla nopeudella. Seisoin takana, joten näin sekä miehiä että naisia juoksevan sen perään: monet olivat pukeutuneet upeisiin mekkoihin, joillakin oli suojavarusteita. Teräsmieheksi pukeutunut mies ohitti minut! Se kaikki oli hyvin epätodellista. Minä päätin mennä hitaasti, jotta en satuttaisi itseäni, mutta monet muut tekivät kuperkeikkoja ja juoksivat todella nopeasti. Ennen kuin tajusinkaan olin jo kukkulan juurella. Onneksi minä en loukkaantunut. Minä etsin ympäriltäni juustoa, mutta se ei ollut lainkaan nähtävillä: Mikki Hiireksi pukeutunut voittaja oli juossut sen kanssa karkuun ja piilottanut sen meiltä muilta!

Mietit varmasti, mitä järkeä on matkustaa niin pitkä matka ilman, että saa edes maistaa juustoa. Minä olin pettynyt, etten saanut sitä, mitä halusin, mutta se oli erinomainen johdanto englantilaisen kulttuurin oudoimpiin piirteisiin. Ja kuten minun isoisälläni oli tapana istuttaa minut hänen polvelleen ja kertoa minulle oudoista asioista, joita englantilaiset tekevät juuston vuoksi, minäkin voin tehdä saman omille lapsenlapsilleni.

Yhdysvallat..."pyörillä"

Minun nimeni on Susana ja minä olen 28 vuotta vanha. Minä asun eräässä kaupungissa Kataloniassa, Gironassa. Se sijaitsee Barcelonasta pohjoiseen, vain tunnin automatkan päässä. Se on eräs Katalonian kauneimmista, hiljaisimmista ja vanhimmista kaupungeista. Jos sinulla on mahdollisuus vierailla siellä, älä unohda vierailla keskustassa: se näyttää siltä kuin eläisimme vielä keskiajalla!

Minä rakastan matkustamista, mutta koska minulla on oma yritys, minä en voi matkustaa usein. Se on sääli, mutta minun täytyy aina pitää huomio yrityksessäni. No, itse asiassa se on pieni perheyritys: ravintola. Minun isovanhempani perustivat ravintolan yli kuusikymmentä vuotta sitten, uskomatonta, eikö olekin? Kuitenkin viime vuonna minä olin onnekas ja pystyin sulkemaan ravintolan muutamaksi päiväksi kesän jälkeen. Lopultakin minulla piti olla ansaitsemani loma!

Nyt, niin monen mielenkiintoisen ja mahtavan kohteen kanssa... Minne mennä? Yksi minun unelmistani oli tutustua Amerikan "villiin länteen". Kun minä olin pieni tyttö, minun isovanhempani huolehtivat minusta ravintolassa ja laittoivat lännenelokuvia pyörimään televisiosta lounaan jälkeen. Katsoin ne kaikki ja pidin hauskaa samalla, kun tein läksyjä tai söin välipalaa... Tämän takia minä päätin mennä Yhdysvaltojen länsiosaan. Minulla oli paljon ystäviä, jotka olivat jo käyneet siellä, ja minä olin kateellinen heidän tarinoistaan, mutta heidän neuvonsa olivat erittäin hyödyllisiä minulle. Minun paras ystäväni Marta voisi myös tulla minun kanssani. Hän on opettaja ja oli ihme, että meillä oli loma samaan aikaan sinä vuonna!

Kiitos internetin, nykyään on erittäin helppoa valmistella matka Yhdysvaltojen länsiosaan. Jos puhut espanjaa, on muutamia nettisivuja, jotka ovat erittäin hyödyllisiä matkojen valmisteluun, minun suosikkini on losviajeros. Miksi minä pidän siitä niin paljon? Koska se on foorumi, jossa oikeat matkustajat, jotka ovat käyneet niissä kohteissa, jakavat kokemuksiaan, kommentoivat, esittävät mielipiteitään, niksejään ja neuvojaan... Se on erittäin hyödyllistä.

Minä valmistelin matkaa ja varasin kaiken viikon aikana: hotellit, motellit ja lennot, tietysti. Minä en pidä ajamisesta eikä siitä pidä myöskään minun ystäväni Marta, joten minä yritin varata lippuja juniin, busseihin ja muihin kulkuneuvoihin, joilla voi matkustaa paikasta toiseen... Se oli todella vaikeaa! Sitten minä luin eräältä foorumilta, että... Paras tapa matkustaa Yhdysvaltojen halki on ajaminen! Sillä hetkellä meidän matkamme näytti epäonnistuvan. Marta ja minä olimme surkeita kuskeja. Mitä me voimme tehdä?

Marta sanoi, ettei se ollut ollenkaan ongelma. Hän oli varma, että yhdessä meillä voisi jopa olla hauskaa, kun me ajaisimme autolla. Mutta, kaiken varalta, me harjoittelimme joitakin päiviä ennen meidän matkaamme. Me emme halunneet minkään menevän pieleen!

Kun me saavuimme Yhdysvaltoihin, me haimme ensin vuokra-automme. Meillä on auto vain meitä varten! Me olimme onnellisia, innostuneita ja täynnä odotuksia! Näytti siltä kuin kolmentoista tunnin lento olisi mennyt vain kahdessa. Meillä oli tuhansia kilometrejä edessämme ja me halusimme aloittaa mahdollisimman pian!

Kun me saavuimme autovuokraamoon, me melkein pyörrymme. Siellä oli niin pitkä jono ihmisiä ja meille kerrottiin, että menisi ainakin tunti, että me saisimme automme! Se oli hyvin pitkästyttävää. Miksi siellä on niin paljon ihmisiä vuokraamassa autoa? Espanjassa ei ole kovin yleistä vuokrata autoa matkalla. Me yleensä teemme sen, kun me matkustamme jollekin aarelle, esimerkiksi. Mutta muissa paikoissa on paljon junia ja busseja, jotka vievät sinut mihin tahansa haluatkin mennä. Me saimme pian selville, miksi niin monet ihmiset halusivat auton, Yhdysvallat on valtava! Ja meidän yllätykseksemme siellä ei ole julkista liikennettä sellaisella yleisyydellä ja valikoimalla kuin Espanjassa on. Tämän takia sinä tarvitset auton liikkuessasi maan halki, tai ainakin on parempi olla sellainen: sinä voit matkustaa nopeammin ja mukavammin minne tahansa haluatkin mennä.

Lopulta me saavuimme tiskille. Minun ystäväni Marta puhuu englantia erittäin hyvin, ja me ymmärsimme toisiamme hyvin meitä tiskillä palvelevan tytön kanssa. Muutamassa minuutissa me saimme automme avaimet. Me olimme varanneet pienen auton, joka oli riittävä meille kahdelle... mutta mikä vale! Me saimme valtavan kaupunkimaasturin! Luulimme sitä virheeksi, mutta oikeasti me olimme ymmärtäneet väärin. Tyttö tiskillä oli maininnut, että heiltä olivat loppuneet pienet autot ja että heidän piti antaa meille se jättimäinen auto. Tiedäthän sinä... kielikysymyksiä.

Meidän melkein piti "kiivetä" päästäksemme sisään siihen valtavaan autoon. Sisällä tuijotimme ihmeissämme kaikkia asioita, joita autossa oli: GPS, radio, satelliittiradio ja kamera, josta näkee miten pysäköidä! Espanjassa tällainen auto olisi ollut todellinen ylellisyys, meidän autoissamme ei yleensä ole mitään näistä "lisäominaisuuksista". Marta käynnisti auton ja... Vain sekunti! Missä on kytkin? Ja vaihdelaatikko? Me emme voi liikkua! Se oli meidän ensimmäinen yllätyksemme... Yhdysvalloissa melkein kaikki autot ovat automaattivaihteisia. Espanjassa asia on aivan päinvastoin. Silti minun täytyy myöntää... että on paljon mukavampaa ajaa autoa "Amerikan tyyliin" ja minulla on kova ikävä sitä, että kaikki on niin helppoa.

Näiden hämmennyksen hetkien jälkeen me pääsimme tien päälle. Me olimme laskeutuneet Los Angelesiin, ja meidän ensimmäinen määränpäämme oli ranta, halusimme nukkua Santa Barbarassa. Yllätykset eivät loppuneet: miten valtavia tiet olivatkaan! Enemmän kuin neljä tai viisi kaistaa on tavallinen määrä valtatiellä Yhdysvalloissa, kun taas meillä Espanjassa on vain pari kaistaa, tai ehkä kolme. Näiden hauskojen ensihetkien jälkeen me eksyimme muutaman kerran ja lopulta saavuimme Santa Barbaraan. Me vietimme siellä muutaman ihanan päivän, mutta meidän piti lähteä pian, sillä me halusimme viettää muutaman yön Las Vegasissa.

Kun me lähdimme, me ajoimme vahingossa tielle, jossa oli vähemmän liikennettä. Joissakin tienviitoissa oli jotain dollareihin viittaavaa... Ehkä se oli maksullinen tie? Meillä ei ollut aavistustakaan. Jonkin ajan kuluttua saavuimme paikkaan, jossa oli enemmän liikennettä. Joitakin kuukausia myöhemmin sakkolappu saapui kotiin: me olimme kulkeneet tietulliaseman ohi tietämättämme! Tämä siksi, että Espanjassa kaikilla tietulliasemilla on puomit, mutta siellä, siellä ei ollut lainkaan puomeja, ja me emme tienneet, että meidän piti maksaa. Nämä olivat vain muutamia meidän "pienistä seikkailuistamme" Yhdysvalloissa, maassa, jonka halki kulkemista pyörillä lopulta rakastimme.

Tämä on viimeinen, joka minun täytyy kertoa sinulle, sinä naurat varmasti katketaksesi. Ensimmäisellä kerralla me yritimme saada polttoainetta, emme melkein saaneetkaan. Bensapumppu oli niin monimutkainen, me emme ymmärtäneet sitä. Lopulta hyvin mukava vanha rouva (lähes kahdeksankymmentä vuotta vanha!) tuli auttamaan meitä nuoria "ymmärtämään" kaikkea sitä teknologiaa. Tästä huolimatta me toistamme matkamme Yhdysvaltoihin ja odotamme innokkaasti uutta lomaa, jotta voimme jatkaa tämän kauniin maan tutkimista pyörillä.

Seikkailu La Tomatinassa

Minun nimen on Sean ja minä olen 21 vuotta vanha. Minä olen New Yorkista, mutta kuuden kuukauden ajan olen asunut Barcelonassa. Minä opiskelen espanjalaista kirjallisuutta ja minä olen hyvin onnekas nauttiessani tästä kokemuksesta Espanjassa. Mutta joskus tapahtuu hulluja ja hauskoja asioita, kuten se, josta kerron teille tänään.

Minä saavuin Espanjaan maaliskuussa ja siitä asti olen asunut eräiden hyvin ystävällisten poikien ja tyttöjen kanssa jakaen kauniin asunnon Barcelonan keskustassa. On nautinto asua niin kauniin kaupungin keskustassa. Kaikki on hyvin lähellä, jopa yliopisto. Tässä asunnossa asun kolmen kämppäkaverin kanssa. Sara on Sevillasta. Hän on 26 vuotta vanha ja opiskelee arkkitehtuuria. José on Barcelonasta. Hän on 20 vuotta vanha, opiskelee tekniikkaa ja rakastaa jalkapalloa. Ja viimeisenä Andrea, tyttö Etelä-Ranskasta. Hän opiskelee mainontaa ja on myös flamencotanssija. Eivätkö he olekin mahtavia? Me tulemme toimeen erittäin hyvin ja asuminen heidän kanssaan sujuu todella hyvin.

Tiedätkö sinä Barcelonan? Se on eräs Espanjan suurimmista kaupungeista ja sijaitsee rannikolla maan koillisosassa. Sen vuoksi sillä on suuren kaupungin kaupungin edut sekä sijainti lähellä rantaa. Barcelona on myös vuorien ympäröimä, ja se on erittäin lähellä Pyreneitä, Espanjan korkeimpia vuoria, joilla voit hiihtää koko talven ja osan keväästä. Se on hyvä paikka asustaa, etkö olekin samaa mieltä?

Kevät meni nopeasti Barcelonassa. Päivisin opiskelin ahkerasti ja iltaisin pelasin jalkapalloa Josén ja hänen joukkueensa kanssa. Espanjassa lukukausi päättyy kesäkuussa. Suoritin kaikki kokeeni erittäin hyvin arvosanoin. Nyt minulla oli koko kesä edessäni, täynnä suunnitelmia, lähellä ranta ja paljon ystäviä, joiden kanssa viettää aikaa. Lisäksi Espanjassa on kesäisin jokaisessa kylässä perinteisiä ja suosittuja juhlia, joista olen kuullut, mutta monet niistä olivat hyvin outoja minulle enkä ymmärtänyt niitä kovin hyvin.

Eräänä päivänä kesäkuussa ystäväni José soitti minulle ja kutsui minut lähtemään elokuussa järjestettävään festivaaliin Valenciaa lähellä olevaan kylään. Hän sanoi, että se olisi suurin festivaali, johon koskaan minun elämässäni menisin ja en voisi jättää sitä väliin. Minä kysyin häneltä: "Miksi tämä festivaali on niin mahtava?" Mutta hän…ei sanonut sanaakaan! Hän sanoi, että hän halusi sen olevan minulle yllätys ja että hän aikoi paljastaa minulle vain festivaalin nimen. Sitä kutsuttuttiin nimellä "La Tomatina". Tietysti nykyään on olemassa paljon nettisivuja ja paikkoja, joista voisin löytää tietoa salaperäisestä "La Tomatinasta", mutta minun ystäväni pakotti minut lupaamaan, että en etsisi siitä mitään tietoa.

José osti kaksi bussilippua ja toi ne kotiin. Sillä tavalla sain tietää, että kylä, jonne olimme menossa juhliin, oli nimeltään Buñol. Lopultakin minä tiesin jotain enemmän salaperäisestä kesäfestivaalista, jonne olin menossa! Buñol oli kuitenkin hyvin pieni kylä keskellä Valenciaa. Millainen "suuri" festivaali voisi olla niin pienessä kylässä? Salaperäisyys jatkui. Viikko ennen juhlia Sara, minun kämppäkaverini, selitti minulle, mitä "La Tomatina" tarkoittaa. "Tomatina" on jotain sellaista kun pieni tomaatti. Mistä tässä festivaalissa oli kysymys? Festivaali, jossa etsitään maailman pienintä tomaattia? Mikä sotku! Kuten voit kuvitella, sillä hetkellä minä odotin innolla juhlimista, mutta samaan aikaan ajattelin, mihin helvettiin minä olen menossa?

"Tomatina"-päivänä me heräsimme aikaisin – kolmelta aamulla! Me söimme aamiaisen hyvin nopeasti ja kiirehdimme bussiasemalle. Siellä oli paljon opiskelijoita kuten me, satoja ja satoja, odottamassa busseja Buñoliin. Me istuimme alas ja aloitimme keskustelun Ranskasta olevan tytön kanssa. Hänen nimensä oli Anne ja hän kertoi minulle, että Tomatina on paras festivaali, jossa hän on elämänsä aikana ollut. Ja tämä oli kolmas peräkkäinen vuosi, kun hän oli matkustanut Buñoliin ollakseen siellä Tomatinan ajan! Minä puhuin Annelle jonkun aikaa. Hän ei puhunut espanjaa, ja hänen englantinsa oli hyvin outoa – hänellä oli hauska ranskalainen aksentti, kun hän puhui englantia – mutta hän oli erittäin mukava. Ja hän oli hyvin kaunis, vaaleahiuksinen, hyvin vaaleaihoinen ja vihreäsilmäinen. Meidän piti kuitenkin lopettaa puhuminen, koska hänen bussinsa numero oli 15 ja minun bussini numero oli 8. Mikä vahinko! Eikö sinunkin mielestäsi?

Jo bussi oli suuri juhla. Se oli täynnä nuoria ihmisiä, jotka halusivat juhlia. Jokainen lauloi (espanjaksi, en ymmärtänyt kovinkaan paljoa, ne olivat erittäin vaikeita) ja joi sangríaa, sillä sinä päivänä oli kuuma. Ja matka oli niin pitkä! Kului enemmän kuin viisi tuntia päästä kuuluisaan Tomatinaan! Lopulta saavuimme Buñoliin. Siellä oli tuhansia ihmisiä! Kaikki olivat hyvin iloisia ja moni heistä oli pukeutunut sukelluslaseihin, uimapukuun, sortseihin, sandaaleihin, vedenkestävään hattuun... Mihin näitä kaikkia asioita tarvittiin? Hiljalleen me kävelimme kylän keskelle, jossa oli hädin tuskin yhtään tilaa. Yhtäkkiä musiikki alkoi soida, ja ihmiset tanssivat ympäriinsä. Tämäkö oli Tomatina? Se ei minusta näyttänyt niin mahtavalta.

Musiikki tuli valtavista rekoista. Niiden kyydissä oli ihmisiä, jotka heittivät jotain kadulle. Mitä se oli? Jotain punaista ja pyöreää... ne näyttivät siltä...että ne olisivat tomaatteja! Sillä hetkellä aloin nauraa! Minun ystäväni José sanoi minulle: No, mitä ajattelet? En voinut onnellisempi!

Se oli täysin hullua. Kuvittele: tuhansia ihmisiä nauramassa, hyppimässä, tanssimassa ja heittämässä tomaatteja toistensa päälle! Vähitellen kaikki muuttui punaiseksi, ja kaikilla oli todella hauskaa. Tomatina alkoi aikaisin, ja se kesti koko aamun! Lopussa minä olin täynnä tomaatteja päästä varpaisiin. Minä olin punainen kuin olisin ollut tomaatti itsekin. Vaikka sinä et voi uskoa sitä, se on ehdoton totuus! Tiedätkö, mikä oli paras osuus? Kun kaikki loppui, ihmiset jäivät kaduille, musiikki ei loppunut ja juhlat jatkuivat! Sen vuoksi me jäimme sinne koko päiväksi, söimme tyypillistä valencialaista ruokalajia, paellaa, ja joimme tyypillistä juomaa, sangríaa.

Lounaan jälkeen me päätimme mennä kävelylle kylän halki. Kun me pääsimme pääaukiolle, näimme sen päivän viimeisen yllätyksen... Anne oli siellä! Me lähestyimme häntä ja hän esitteli meidät hänen ystävilleen. Sillä hetkellä juhlien tanssi alkoi, ja me kaikki tanssimme yhdessä ja jatkoimme puhumista. Meillä oli hyvin hauskaa, ja minä uskon, että se oli upean ystävyyden alku.

Sen jälkeen Anne ja minä olemme käyneet monissa juhlissa yhdessä, ja minä uskon, että pian pyydän häntä elokuviin kanssani. Tästä eteenpäin, jos kaikki sujuu hyvin, Tomatina on enemmän kuin vain iso juhla, se on myös paikka, josta voi löytää rakkautta. Kuka tietää?

Erasmukseni Saksassa

Pidätkö sinä matkustamisesta? Pidätkö sinä opiskelusta? Espanjassa – yleisesti koko Euroopassa – voit yhdistää nämä kaksi asiaa: Erasmus-stipendin avulla. Tiedätkö sinä, mikä se on?

Erasmus-stipendit myöntää Eurooppa, Euroopan unioni, opiskelijoille kaikista maista. Nämä stipendit tarjoavat sinulle yliopistopaikan toisessa eurooppalaisessa yliopistossa ja pienen kuukausittaisen avustuksen, jotta voit opiskella toisessa maassa, "liikkuvuusavun". Lisäksi jokainen maa voi maksaa enemmän tai vähemmän avustusta opiskelijoilleen valtion mahdollisuuksista rippuen. Ja kohdemaat voivat myös auttaa opiskelijoita.

Tästä avusta huolimatta Erasmus-stipendit eivät useinkaan riitä elämiseen opiskelun aikana. On erittäin kallista asua eurooppalaisessa suurkaupungissa, kuten Barcelonassa, Pariisissa tai Berliinissä. Opiskelijat saavat usein taloudellista tukea vanhemmiltaan päästäkseen elämään tämän kokemuksen. Jotkut, kuten minä, työskentelevät Erasmus-oleskelun aikana.

Erasmus-stipendin saaminen on hyvin vaikeaa. On paljon opiskelijoita, jotka haluaisivat osallistua Erasmus-ohjelmaan ja vain muutamia paikkoja. Sinun täytyy käydä läpi pitkä, raskas hakuprosessi, kielikokeita ja paljon paperityötä. Mutta jos suoriudut siitä, kuten minä, siitä tulee unohtumaton kokemus.

Minun nimeni on Ramon ja minä olen kaksikymmentäkuusi vuotta vanha. Minä saan pian valmiiksi lääketieteen opintoni. Minä toivon, että minusta tulee pian hyvä lääkäri. Se on minun intohimoni. Minä haluaisin auttaa potilaita ja parantaa heitä. Lääkärin tehtävä on hyvin tärkeä. Meidän ansiostamme on sairaaloita ja lääkärin vastaanottoja. Sairaaloissa työskenteleminen on aika rankkaa sekä lääkäreille että hoitajille.

Viime vuonna minä sain mahdollisuuden osallistua Erasmus-ohjelmaan. Ensin minä halusin mennä Ranskaan. Miksi? No, minä asun perheeni kanssa lähellä Barcelonaa, Ranska ei ole kaukana. Tämän lisäksi kieli on samankaltainen kuin espanja ja vielä samankaltaisempi kuin katalaani, jota minä myös puhun. Stipendin hakemisen ja kielitestien (englanti, ranska...) tekemisen jälkeen minun täytyi odottaa joitakin kuukausia. Se oli niin pitkä odotus! Minä aloin ostaa ranskankielisiä kirjoja, kuuntelin ranskalaista musiikka ja myös ranskalaista radiota.

Lopulta tulosten päivä koitti. Ne olivat näkyvillä yliopiston aulassa. Minä etsin nimeäni Ranskasta Erasmus-paikan saaneiden opiskelijoiden joukosta, mutta minä en ollut siellä. Se oli todellinen sokki minulle! Minä en myöskään ollut stipendin saaneiden joukossa enkä varallaolijoissa... Outoa... Minä katsoin listoja vielä kerran ja sitten näin sen: Minä olin saanut stipendin Saksaan. Saksaan?! Mitä minä siellä tekisin?, ajattelin välittömästi.

Minä menin hallintotoimistoon puhumaan johtajalle ja siitä ei ollut epäilystäkään: kukaan ei ollut hakenut Saksaan, ja, pisteiden perusteella, se oli ainoa paikka, jonka he voisivat antaa minulle. Jos en hyväksyisi sitä, en todennäköisesti saisi Erasmus-stipendiä enkä kaikkia sen tuomia mahdollisuuksia. Kotona minun vanhempani ja siskoni kannustivat minua eteenpäin. Saksa oli taloudellisesti vahva, ehkä kieleltään vaikea maa, mutta minulla olisi varmasti mahdollisuus oppia siellä paljon. Niinpä sen kesän jälkeen lensin Berliiniin aloittamaan akateemisen vuoteni Saksassa. Se tosiasia, että kollegani osallistuivat englanninkielisille oppitunneille ja kursseille, auttoi minua paljon.

Ensimmäiset viikot olivat todella rankkoja minulle. Minä en ymmärtänyt ihmisiä kadulla enkä kollegoitani, ja päivät tulivat lyhyemmiksi ja lyhyemmiksi. Mutta pian tuli hetki, joka muutti minun elämäni: Oktoberfest, tai saksalainen olutfestivaali, kuten me sitä kutsumme Espanjassa. Se on suuri festivaali, joka pidetään yleensä Münchenissä, Etelä-Saksassa ja on kunnianosoitus yhdelle Saksan tärkeimmistä tuotteista: oluelle. Hyvin miellyttävä tyttö minun kurssiltani kutsui minut matkustamaan Müncheniin hänen ja hänen ystäviensä kanssa ja kokemaan festivaalin tunnelman siellä, ja minä päätin hyväksyä hänen kutsunsa. Se oli eräs elämäni parhaista viikoista!

Minä tapasin paljon ihmisiä kaikkialta maailmasta, söin paljon makkaroita, hapankaalia, suolarinkilöitä ja muita saksalaisia erikoisuuksia... Ja tietysti minä maistelin eräitä elämäni herkullisimpia oluita. Sen viikonlopun aikana minä opin monia saksankielisiä asioita, jotka auttoivat minua selviytymään jokapäiväisestä elämästä: miten tilata jotain, miten esitellä itsensä uusille tuttavuuksille, miten muuttaa kaupunkiin, jota et tunne...

Greta on ollut parhaista ystävistäni siitä lähtien, ja hänen ja hänen ystäviensä ansiosta opin tuntemaan saksalaiset tavat läheltä. Pian tuli kamala, kylmä berliiniläinen talvi. Jos asut Barcelonassa, on hyvin vaikeaa kohdata lämpötila 10 astetta nollan alapuolella, kuten voit varmasti kuvitella. Lisäksi Berliinin yliopiston työnvälityksen ansiosta pystyin aloittamaan käytännön harjoittelun pienessä kaupungin sairaalassa, joka oli erikoistunut syövästä kärsivien lasten hoitoon. Se oli erittäin raskasta minulle, mutta minä opin niin paljon niiden lasten kanssa, en unohda sitä koskaan.

Luennoille ja töihin päästäkseni minä liikuin polkupyörällä, joka on eräs kaupungin käytetyimmistä liikennevälineistä. Minä ostin vanhan, käytetyn pyörän eräältä viikonlopun kirpputorilta. Se oli eräs Berliinin tyypillisimmistä asioista, viikonlopun kirpputori. Niin minä järjestin elämäni vähitellen, ja kun kevät saapui, Erasmus-oleskeluni viimeiset päivät, en voinut uskoa, miten nopeasti kaikki oli mennyt. Minä pidän kiinni siellä muodostamistani ystävyyssuhteista ja haluaisin mennä sinne takaisin pian.

Kaikesta oppimastani huolimatta en vieläkään osaa lausua monia saksan sanoja oikein! Minä käyn kielikoulussa kerran viikossa, jotta en unohtaisi kieltä ja harjoitellakseni sitä lisää. Sen lisäksi tapaan viikonloppuisin Erasmus-opiskelijoita, jotka ovat tulleet Saksasta Barcelonaan ja harjoittelemme kieliä yhdessä. Se on erittäin hauskaa, ja minä tapaan enemmän ja enemmän mielenkiintoisia ihmisiä. Siispä minä suosittelen sinua kokeilemaan Erasmus-oleskelua, jos voit. Se on eräs elämäni parhaista kokemuksista.

ENGLISH

The Cheese Rolling Festival

My name is Robert and I'm going to tell you a story about how I ended up in the middle of an English field frantically chasing cheese down a hill.

Growing up in a small French village in the region of Normandy, eating was a big part of our family life for as long as I can remember. Eating represented an occasion for the whole family to get together, to share stories and to enjoy each other's company. My favourite part of the meal was always when the cheese was brought to the table, and being brought up in France I was spoilt for choice – there are almost 400 different types of cheese produced across the nation and I think I must have tasted all of them. It didn't matter what kind of cheese it was – goat, ewe, blue, cow – if it was available I would eat it. I became famous in my family for just how much I loved cheese: you won't be surprised to hear I was a little on the chubby side as a child!

Where I used to live in Normandy, I grew up being able to see Jersey, one of the Channel Islands that belong to the United Kingdom. My granddad used to sit me on his knee and tell me stories about England and the times he had visited the islands on the ferry. As I was young and curious, I wanted to go there. And when I got there, I wanted to eat cheese! So one day we all agreed to catch the ferry from a town called St Malo and made the short journey to the island. It was my first time abroad and I remember thinking how different everything felt: the language sounded peculiar, the architecture was different to anything I had ever seen and the food was nothing like I had tasted at home. Luckily, my granddad could speak good English, and he started a conversation with a local shop owner about the differences in food. He told the shop owner that I loved cheese, and this is where I first found out about a festival in England called 'Cooper's Hill Cheese Rolling'. I found out that not only did people in England have cheese, but it was so good they were willing to chase it down a hill and fight other people for it. A festival where people chased after food because it was so tasty? I couldn't wait to go there.

Well, I had to wait a little while to get there: 9 year olds can't make the journey to England alone. My time to visit came later, whilst I was in England studying for a year as part of my postgraduate university course in London. The story about chasing cheese down a hill never left me, and while talking to my granddad on the phone, he said that I should make plans to visit the Cooper's Hill festival. So, three English friends and I found ourselves one afternoon, stood on top of a hill with literally hundreds of other people, waiting to chase a piece of cheese down a steep field. Madness.
The Cooper's Hill Cheese Rolling festival is held near the city of Gloucester and, just like the name suggests, involves rolling a 9lbs piece of Double Gloucester Cheese down a hill whilst hundreds of daredevils chase after it. Everyone wants to catch the cheese, but quite often no one manages to get a hand on it: it has been known to get up to speeds of 70mph on its way down! That's the same as the legal speed limit on an English motorway. This is certainly

a novel way to enjoy eating cheese: a far cry from eating it with my family on a quiet farm in Normandy. As I stood on top of the hill, getting ready to chase the cheese, I was surprised to hear lots of different accents around me. As a child I had imagined being the only Frenchman among a sea of English people, an outsider joining in the fun of all the eccentrics around me. But I could hear American accents, Scottish accents, accents from all over the world. There was a great atmosphere: a lot of people have travelled a long way to take part in this strange festival.

As I stood at the top, I could see that an ambulance had arrived in preparation for the chase down the hill that was about to happen. This is getting serious, I thought! As this was the first race of the afternoon, I hadn't had the chance to see anyone else running down the hill. I didn't know what to expect. My heart was thumping. I'd stopped thinking about the cheese and started worrying about what kind of damage I was about to do to myself! Just as the race was about to start, one of the people next to me told me that over 20 people were taken to hospital the year before. The ambulance was so busy taking people backwards and forward from the hospital that the race even had to be delayed....

Just as he said this, the whistle went to signal that it was our turn to chase the cheese. A man dressed in a Union Jack suit rolled a huge circle of cheese down the hill and it was flying down the hill at great speed. As I stood at the back, I saw both men and women running after it: many were in fancy dress, some had protective clothing on. A man dressed as Superman flew past me! It was all very surreal. I decided to go slow to make sure I didn't hurt myself but many others were doing somersaults and running really fast. Before I knew it, I was at the bottom of the hill. Thankfully, I was not injured. I looked around for the cheese, but it was nowhere to be seen: the person who had won dressed as Micky Mouse had ran off with it and hidden it from the rest of us!

So you're probably wondering what the point of going all that way was and not even getting to taste the cheese. I was disappointed not to get what I wanted, but it was an excellent introduction to some of the stranger aspects of English culture. And just as my granddad used to sit me on his knee and tell me about some of the strange things that Englishman will do for cheese, I'll be able to do the same for my grandchildren.

An adventure at La Tomatina

My name is Sean and I'm 21 years old. I am from New York, but for six months I have been living in Barcelona. I study Spanish Literature and I'm very lucky to enjoy this experience in Spain. But sometimes crazy and funny things happen, like the one I'm going to tell to you about today.

I arrived in Spain in March, and I have since been living with some very friendly boys and girls, sharing a beautiful apartment in the centre of Barcelona. It is a pleasure to live in the centre of such a beautiful city. Everything is very close, even the university. In this apartment I live with three roommates. Sara is from Seville; she's 26 years old and studies architecture. José is from Barcelona; he's 20 years old, studies engineering and loves football. And finally, there is Andrea, a girl from the south of France. She studies advertising and is also a flamenco dancer. Don't you think that they are incredible? We get along very well and living with them works really well.

Do you know Barcelona? It's one of the biggest cities in Spain and is located in the Northeast area of the country by the sea. It therefore has the advantages of a big city as well as being close to the beach. Also, Barcelona is surrounded by mountains and is very close to the Pyrenees, the highest mountains in Spain, where you can ski during the whole winter and part of the spring. It is a place to stay, don't you agree?

The spring passed quickly in Barcelona. Throughout the day I was very busy studying and in the evenings I played football with José and his team. In Spain, the semester ends in June. I passed all my exams with very good grades. Now, I had the whole summer in front of me, full of plans, near the beach and with many friends to spend my time with. Furthermore, in Spain, during the summer, in every village there are traditional and popular parties that I have heard of, but many of them were very strange to me and I didn't understand them very well.

My friend José called me one day in July and invited me to go to a festival in a village near Valencia that was going to, held in August. He said that it would be the biggest festival that I would ever go to in my life and that I couldn't miss it. I asked him: "Why is this festival so spectacular?" But he…didn't say a word! He said he wanted it to be a surprise for me and that he was only going to reveal the name of the festival to me. It was called "Tomatina". Of course, nowadays there are many websites and places where I could find information about the mysterious "La Tomatina", but my friend made me promise that I would not do any research on it.

José bought two bus tickets and brought them home. That is how I learned that the village, where we were going to go for the party, was called 'Buñol'. Finally I knew something more about the mysterious summer festival to which I was going to go! Buñol was, however, a very small village in the middle of Valencia. What kind of "big" festival could take place in such a small town? The mystery continued. One week before the party, Sara, my roommate, explained to me what "Tomatina" means. "Tomatina" is something like a little tomato. What was this festival all about? A festival looking for the tiniest tomato in the world? What a mess! As you may imagine, at that moment I was looking forward to partying, but at the same time I thought where the hell am I heading?

The day of the "Tomatina" we woke up very early - at three o'clock in the morning! We had breakfast very quickly and then hurried to the bus station. There were a lot of young students like us, hundreds and hundreds, waiting for buses to Buñol. We sat down to wait for our bus and I started a conversation with a girl from France. Her name was Anne and she told me that the Tomatina was the best festival she had ever been to in her life. And that this was the third year in a row that she had travelled to Buñol to be there for the Tomatina! I talked to Anne for some time. She didn't speak Spanish and her English was very weird – she had a funny French accent when she spoke English – but she was very nice. And she was very beautiful, blond, with very fair skin and green eyes. However, we had to stop talking, because her bus was the number 15 and mine was number 8. What a pity! Don't you think?

The bus was already a big party. It was full of young people that wanted to party. Everybody was singing songs (in Spanish, I didn't understand very much, they were very difficult) and drinking sangría, as it was hot that day. And the journey was so long! It took more than five hours to arrive at the famous Tomatina! At last, we arrived in Buñol. There were thousands of people! Everyone was very cheerful and many of them wore diving goggles, swimsuits, shorts, sandals, waterproof hats...What were all these things for? Little by little, we walked into the centre of the village, where there was hardly any space. Suddenly, music started to play, and people were dancing all around. Was this the Tomatina? It didn't seem so spectacular to me.

The music came from huge trucks. On them were people who were throwing something to those in the street. What was it? Something red and round…it seemed like…that were tomatoes! At that moment, I started to laugh! My friend José said to me: So, what do you think? I couldn't be happier!

That was totally crazy. Imagine: thousands of people laughing, jumping, dancing and throwing tomatoes at each other! Little by little, everything turned red and everyone was having a lot of fun. The Tomatina started early and it lasted the whole morning! By the end, I was full of tomatoes from top to bottom; I was red as if I were a tomato myself. Even if you can't believe it, it is the absolute truth! Do you know what the best part was? When everything ended, the people stayed in the streets, the music didn't stop and the party continued! That is why we stayed there the whole day, ate a typical dish from Valencia, paella, and drank a typical drink, sangría.

After lunch we decided to go for a walk through the village. When we got to the main square we saw the last surprise of that day… Anne was there! We approached her and she introduced us to her friends. At that moment the party's dance started, and we all danced together and continued talking. We had a lot of fun, and I believe that it was the beginning of a great friendship.

Since, Anne and I have gone to many parties together, and I believe I will soon ask her to go to the cinema with me. From now on, if everything goes well, the Tomatina from now will be more than a big party, but it will also be a place where one can find love. Who knows?

United States..."on wheels"

My name is Susana and I am twenty-eight years old. I live in a city in Catalonia, Girona. It is in the north of Barcelone, just an hour to drive by car. It is one of the most beautiful, quietest and oldest cities of Catalonia. If you have the chance to visit it, do not miss to visit the center: it seems like we are still living in the Middle Ages!

I love to travel, but as I run my own business, I cannot travel frequently. It's a pity, but I always have to pay attention to my firm. Well, actually it is a small family business: a restaurant. The restaurant was founded by my grandparents over sixty years ago, incredible, isn't it? However, last year I was lucky and was able to close the restaurant some days after the summer. Finally I should have my deserved vacation!

Now, with so many interesting and wonderful destinations... Where to go? One of my dreams was to get to know the "Wild West" of America. When I was a little girl, my grandparents took care of me in the restaurant and used to put Western films on the TV after lunch. I watched them all and had a lot of fun while doing my homework or having a snack...That's why I decided to go to the West of the United States. I had a lot of friends who had already been there and I was jealous of all their stories, but their advice were very useful to me. My best friend Marta could also come with me. She is a teacher and it was a miracle that we had vacation at the same time that year!

Thanks to the internet, today it is really easy to prepare a trip to the west of the United States. If you talk Spanish, there are a few websites which are very useful to prepare trips, my favourite one is losviajeros. Why I like it so much? Because it´s a forum where real travellers who have visited those destinations share their experience, make comments, give their opinion, tricks and advice... That's very useful.

I was preparing the trip and booking everything during a whole week: hotels, motels and the flights, of course. I don't like driving and neither does my friend Marta, so I tried to book tickets for trains, busses and other means of transport to travel from one site to another... Now that was really difficult! Then I read in a forum that... The best manner to move across the United States is driving! In that moment our trip seemed to fail. Marta and I were terrible drivers. What were we able to do?

Marta said that it wasn't a problem at all. She was sure that together we could even have fun when driving a car. But, just in case, we practiced some days before our voyage. We didn't want anything going wrong!

When we arrived in the United States, we first picked up our rental. We have a car just for us! We were happy, excited and full of expectations! It seemed that the flight of thirteen hours had passed in only two. We had thousands of kilometres in front of us and wanted to start the earlier, the better!

When we arrived to the office of the car rental, we almost fainted. There was such a big queue of people and we were told that it would take at least an hour to get our car! That was very boring. Why were there so many people renting a car? In Spain it is not very common to hire a car on a trip. We usually do it when we travel to an island, for instance. But at the rest of places, there are a lot of trains and busses taking you wherever you want to go. We discovered soon why so many people wanted a car, the United States are enormous! And to our surprise, there is no public transport system with such a frequency and variety as in Spain. That's why you need a car to move across the country, or at least it is much better to have one: you can travel faster and in a more comfortable way wherever you want to go.

Finally we arrived at the counter. My friend Marta talks English very well and we understood ourselves perfectly with the girl who was serving us at the counter. In a few minutes, we received the keys of our car. We had booked a small car, that was enough for the two of us... but what a lie! We got an enormous red SUV! We thought it was a mistake, but actually we had been mistaken. The girl at the counter had adverted that they had run out of small cars and that they had to give us that giant car. You know... Language issues.

We almost had to "climb" to get into that huge car. Once inside, we stared in wonder at all the things the car had: GPS, radio, radio by satellite and a camera to see how to park! In Spain, a car like this would have been a real luxury, our cars usually don't have any of these "extras". Marta started the car and... Just a second! Where is the clutch? And the gear box? We cannot move! That was our first surprise... In the United States, almost all cars are automatic! In Spain it's just the other way round! Nevertheless, I have to admit ... That it is much more comfortable to drive a car with "American style" and I miss a lot that everything is so easy.

After these few moments of confusion, we got on the road. We had landed in Los Angeles and our first destination was the beach, we wanted to sleep at Santa Barbara. The surprises didn't stop: how huge the roads were! More than four or five lanes is usual for highways in the United States, meanwhile we just have a pair of lanes in Spain, or maybe three. After these first funny moments, we got lost a few times and finally reached Santa Barbara. We spent a few wonderful days there, but had to break up soon as we wanted to spend some nights in Las Vegas.

When we left, we drove without knowing well into a road with less traffic. On some signs there was something indicating dollars... Maybe it was a toll road? We didn't have a clue. After some time, we arrived at a place with much more traffic. Some months afterwards, a ticket arrived at home: we had passed the toll station without knowing! That's because in Spain, all toll stations have barriers, but there, there weren't any barriers and we were not aware of that we had to pay. These have been only a few of our "little adventures" in the United States, a country we finally loved to cross on wheels.

This is the last one I have to tell you, you will laugh out loud for sure. The first time we tried to get petrol, we almost couldn't. The gas pump was so complicated, we didn't understand it. Finally a very nice old lady (almost eighty years old!) came to help us youngsters to "understand" all of that technology. In spite of all this, we will repeat our trip to the United States and we are looking forward to have vacation again to continue discovering this beautiful country on wheels.

My Erasmus in Germany

Do you like travelling? Do you like studying? In Spain - generally speaking, in all of Europe - you can combine the two things: with an Erasmus scholarship. Do you know what it is?

Erasmus scholarships are awarded by Europe, the European Union, to students from all countries. These scholarships give you a university place in another European university and a small monthly grant so that you can study in another country, a "mobility aid". Moreover, each country can pay more or less aids to its students, it depends on each state's possibilities. And the target countries often help the students, too.

Despite these aids, Erasmus grants are often not sufficient to live while you study. It's very expensive to live in a big European city like Barcelona, Paris or Berlin. Students usually get financial support from their parents in order to be able to live this experience. Some, like me, work during the Erasmus stay.

Getting an Erasmus scholarship is very hard. There are lots of students who would like to take part in the Erasmus programme, and only a few places. You have to carry out a lengthy, ponderous application process, with language tests and lots of paperwork. But if you make it, just like me, it will be an unforgettable experience.

My name is Ramon and I'm twenty-six years old. I'm finishing my medicine studies soon. I hope I will be a good doctor soon. It's my passion. I would like to help patients and to heal them. A doctor's task is very important. Hospitals and doctor's surgeries exist thanks to us. Working in hospitals is quite hard, both for doctors and nurses.

Last year I had the chance to take part in an Erasmus scholarship. At first I wanted to go to France. Why? Well, I live with my family in a place near Barcelona, France is not far away. Besides this, the language is similar to Spanish and even more similar to Catalan, which I also speak. After applying for the scholarship and doing the language tests (English, French...) I had to wait for some months. It was such a long wait! I started to buy books in French, I listened to French music and also to the French radio.

The results' day finally came. They were put up in the university's foyer. I looked for my name among the students who had received an Erasmus place for France, and I wasn't there. That was a serious blow for me! I was neither among those who had received a scholarship, nor among the substitutes... Weird... I looked at the lists once more and then I saw it: I had received a scholarship for Germany. Germany?! What should I do there?, I thought immediately.

I went to the administrative office to speak to the manager and there was no doubt: nobody had applied for Germany and, on the basis of points, it was the only one they could give me. If I didn't accept, I would probably get no Erasmus scholarship, with all the opportunities which were related to it. Once at home, my parents and sister encouraged me to go on. Germany was an economically strong country, perhaps with a difficult language, but I would surely have the chance to learn a lot there. So after that summer I flew to Berlin to start my academic year in Germany. The fact that my colleagues attended lessons and courses in English helped me a lot.

The first weeks were really tough for me. I didn't understand neither the people on the street nor my colleagues and the days got shorter and shorter. But soon came a moment which changed my life: the Oktoberfest, or the German beer festival, as we call it in Spain. It's a big festival which usually takes place in Munich, in the south of Germany and pays homage to one of Germany's main products: beer. A very likeable girl from my course invited me to travel to Munich with her and her friends and to experience the festival's atmosphere there, and I decided to accept her invitation. It was one of the best weeks in my life!

I met lots of people from all over the world, ate lots of sausages, sauerkraut, pretzels, and other German specialities... And of course I tasted some of the most exquisite beers I drank in my life. During that weekend I learnt many things in German which helped me cope with everyday life: how to order something, how to introduce yourself to new acquaintances, how to move in a city you don't know...

Greta has become one of my best friends since then, and thanks to her and her group of friends I got to know German habits from close up. Soon came the terrible, cold Berlin winter. If you live in Barcelona, it's very hard to experience temperatures of ten degrees below zero, as you can surely imagine. Moreover, thanks to Berlin's university's job board I could start a practical training in a small hospital in the city, which was specialised in the care of children affected by cancer. It was very hard for me, but I have learnt so much with those kids, I'll never forget it.

To reach my lessons and work I moved by bike, which is one of the city's most widely used means of transport. I bought an old second-hand bike in one of the weekend flea markets. It was one of Berlin's more typical things, the weekend flea market. So I organised my life little by little, and when spring came, near the last days of my Erasmus stay, I couldn't believe how fast everything had passed. I keep my friendships from there and I would like to come back there soon.

Despite everything I have learnt, I still can't pronounce many German words correctly! I attend a language school once a week not to forget the language and to practise it further. Besides that, at the weekend I meet other Erasmus students who have come to Barcelona from Germany and we have a language tandem. It's very funny and I meet more and more interesting people. So I recommend you to try an Erasmus stay, if you can. It's one of the best experiences of my life.

All Rights Reserved
eBook Edition
Copyright © 2015 Polyglot Planet
Text: Martina Nelli, David King, Andrew Wales, Maria Rodriguez
Editors: Michael Sullivans, Julia Schuhmacher,
Illustration: © lilligraphie (modified) © somartin / Fotalia.com
Website: www.polyglotplanet.ink
Email: polyglot@polyglotplanet.ink

Printed in Great Britain
by Amazon